改變世界

馬克思哲學
實現的
哲學主題轉換

程彪 著

開明書店

目錄

第四章　馬克思哲學主題的現代意蘊

序

◆

◆

拙作能夠在香港中華書局（開明書店）出版，我感到非常激動。在此，我首先表達我的崇敬之情。中華書局是一家有着百年歷史的出版社，對我們國家乃至整個漢語世界的學術繁榮和文化傳播做出了巨大的貢獻，成就了許多學術經典和思想大師。在此，特別感謝王春永先生和李茜娜女士，拙作能夠順利出版，全賴他們細緻而辛苦的工作。

《改變世界：馬克思哲學實現的哲學主題轉換》一書，是由我的博士論文略加擴充整理而成的，2006 年由吉林人民出版社出版，原來的書名是《從「解釋世界」到「改變世界」——馬克思哲學實現的哲學主題轉換》。相比之下，現書名更為簡潔。註釋格式由原來的尾注改為頁下注，刪掉了幾個可有可無的說明性註釋。內容方面，沒有做大的改動，只是在語言文字上略加完善，使之更加通順。

我一直堅信馬克思所說的，哲學是「時代精神的精華」，哲學的主題也就是時代的主題。哲學必須關注現實，引導社會歷史的發展。我認為，一個哲學家或一個哲學理論的核心性的哲學主題，一般只有一個；甚至一個時代的思想家們

所關注的核心性問題，也具有高度一致性。因此，要理解一個哲學家的哲學思想，關鍵就是要把握住其核心性的哲學主題，也即充分理解這個哲學家是如何捕捉和回答時代性問題的。

正是基於這樣的看法，我在博士學習期間集中考察的就是馬克思哲學所實現的哲學主題轉換問題，以此來理解和闡發馬克思哲學的思想實質。趁這次中文繁體字版出版的機會，我又逐字逐句、認認真真地檢查了一遍當年的文字。今天看來，當年的思考和研究確實是非常初步的，許多觀點沒有很好地展開，許多論證也很不充分，但是基本思路和基本觀點還是能站得住腳的，對於理解和把握馬克思的哲學思想，推進馬克思主義哲學的當代闡發，還是有一些啟發性的。

我是 2002 年博士畢業，不知不覺地，居然已經過去整整二十年了。再次面對二十年前的文字，回憶了一番自己的學生時代，雖然有點心酸，但也是非常溫暖的。我一直覺得自己是幸運的，在成長的每個階段上都能遇到許多好老師和好朋友，他們的指引、督促、支持和陪伴，使我平平穩穩地成長到今天，雖然沒有取得驕人的成績，但也沒有躺平，沒有放棄理想和努力。

如今，重新翻開當年的文字，再次面對當年的問題，似乎又回到了起點，感覺自己還是當年那個在哲學起點上焦灼探尋的學生。所以，我把當年的後記放在本書的最後，以再次表達對老師、家人和朋友的此生不變的感激之情，也再次表達此生無悔的對生活的激情、對哲學的求索。

　　2019 年底，我從吉林大學哲學社會學院調到東北師範大學馬克思主義學部哲學院工作，至今也有三年了。這三年也是新冠疫情的三年，整個社會和每個個人都在不斷調整適應，我也在不斷努力着。三年來，在東北師大哲學團隊的各位老師、同事和朋友們的關懷幫助下，我在新的工作單位和生活環境中逐漸安頓下來，找到了在家的安全感和歸屬感。在此一併表示感謝，並對胡海波教授、龐立生教授、魏書勝教授、荊雨教授表示特別的感謝。

程彪

2023 年 3 月

第一版序

「哲學家們只是用不同的方式解釋世界，問題在於改變世界。」[1]這是人們經常引證的馬克思的一句名言，並以這句名言來表達對馬克思的哲學革命的理解。程彪博士的這本著作，也是以這句名言為立論的基本依據，並把「改變世界」稱作馬克思哲學的「主題」。

哲學「主題」的轉換，意味着哲學歷史使命的轉換，也意味着哲學研究範式的轉換，因此以「主題」轉換來闡釋「改變世界」的馬克思哲學，可以更為深切地觸及馬克思這句名言的巨大力量內涵，而不是簡單地從哲學功能的角度，去解說「解釋世界」的哲學與「改變世界」的哲學。借程彪博士著作出版之機，我把自己的一些想法寫在這裏，以期引起學界同仁對這個問題的關切。

在通常的理解與解釋中，是把馬克思哲學之外的哲學歸結為「解釋世界」的哲學，而把馬克思的哲學歸結為「改變世界」的哲學。這種解釋顯而易見地包含了兩個方面的悖論性問題：一方面，對馬克思主義哲學的理解而言，作為「改變

---

1 《馬克思恩格斯選集》第 1 卷，人民出版社 1995 年版，第 57 頁。

世界」的哲學，是否也是「解釋世界」的哲學？或者說，馬克思
主義哲學是以「解釋世界」為前提的「改變世界」的哲學？另一
方面，對馬克思主義哲學之外的哲學而言，作為「解釋世界」的
哲學，是否也以「改變世界」為目的？或者說，馬克思主義哲學之
外的各種哲學也是以「改變世界」為目的的「解釋世界」的哲學？

　　從對馬克思主義哲學的理解來說，「哲學」作為人們最容易
理解和接受的說法，即「理論化、系統化的世界觀」，它是一種
理論形態的存在，它的直接的社會功能是對「世界」、「社會」、
「歷史」和「人生」的理論解釋，因而在它的直接的存在形態和
社會功能上，都不是「改變世界」，而只能是「解釋世界」。這
正如馬克思本人所說，「批判的武器當然不能代替武器的批判，
物質力量只能用物質力量來摧毀；但是理論一經掌握羣眾，也會
變成物質力量。」[1]因此，人們往往是從馬克思主義哲學「掌握羣
眾」和「批判現實」的角度去說明馬克思主義哲學是「改變世界」
的哲學。但是，這種解釋已經不自覺地模糊了關於馬克思主義
哲學不再是「解釋世界」的哲學而只是「改變世界」的哲學的
基本觀點，已經不自覺地把馬克思主義哲學視為以「解釋世界」
為前提的「改變世界」的哲學。

　　從對馬克思主義哲學之外的哲學的理解來說，沒有一個哲學
家不是以「改變世界」為己任的，或者說，沒有一個哲學家是滿

1　《馬克思恩格斯選集》第 1 卷，人民出版社 1995 年版，第 9 頁。

足於「解釋世界」的。恩格斯曾經這樣評論「以最宏偉的形式概括了哲學全部發展的」黑格爾哲學：「他的哲學因為對他的思維來說是正確的，所以也就是唯一正確的；而思維和存在的同一性要得到證實，人類就要馬上把他的哲學從理論轉移到實踐中去，並按照黑格爾的原則來改造整個世界。這是他和幾乎所有的哲學家所共有的幻想。」[1] 對此，科爾紐（Auguste Cornu）曾作出這樣的論證，即在黑格爾看來，法國大革命代表了理性和真理的勝利，代表了解釋自由的原則。這場大革命意味着從兩個方面改造了世界：其一，作為人民意志的反映，這場大革命超越了當時的現實，即擺脫了舊的經濟社會制度；其二，這場大革命，通過宣揚國民的理想而超越了人的利己主義的特性，使人們將自己的私人利益從屬於公共利益，即要求人們為了更高尚、更崇高的生活方式而拋棄利己主義。[2] 這種使個人同國家和民族相結合、從而使人崇高起來的思想，在法國大革命中，是以具體的社會、經濟和政治問題的方式提出來的，而在德國古典哲學中，則是以哲學問題的方式提出來的。德國古典哲學家把行動變成思想，把要求變成原則，從而構成了馬克思所說的「法國革命的德國理論」。這樣的哲學，為什麼說它只是「解釋世界」而不是「改變世界」的哲學呢？這才是值得我們深長思之的。

1　《馬克思恩格斯選集》第 4 卷，人民出版社 1995 年版，第 225 頁。

2　參見科爾紐：《馬克思的思想起源》，中國人民大學出版社 1987 年版，第 11 頁。

　　以「解釋世界」與「改變世界」的對立，來標誌馬克思主義哲學與其他各種哲學的根本區別，來說明馬克思的哲學革命，既不是由於馬克思主義哲學排斥自身所具有的「解釋世界」的基本功能，也不是由於其他哲學不期待或不具備「改變世界」的基本功能，而是因為馬克思在革命的意義上改變了「哲學」，這就是恩格斯所說的，馬克思的學說「這已經根本不再是哲學，而只是世界觀」，[1]「哲學在黑格爾那裏完成了」。[2]

　　關於「哲學」，當代哲學家理查德‧羅蒂（Richard M. Rorty）曾作出這樣的「劃界」性的論斷：「自希臘時代以來，哲學家們一直在尋求一套統一的觀念，……這套觀念可被用於證明或批評個人行為和生活以及社會習俗和制度，還可以為人們提供一個進行個人道德思考和社會政治思考的框架。」那麼，哲學如何保證它所尋求和提供的這套「觀念」或「框架」的合法性與有效性呢？羅蒂說，「作為一門學科的哲學，把自己看成是對由科學、道德、藝術或宗教所提出的知識主張加以認可或揭穿的企圖。它企圖根據它對知識和心靈的性質的特殊理解來完成這一工作。哲學相對於文化的其他領域而言，能夠是基本性的，因為文化就是各種知識主張的總和，而哲學則為這種主張

1　《馬克思恩格斯選集》第 3 卷，人民出版社 1995 年版，第 481 頁。
2　《馬克思恩格斯選集》第 4 卷，人民出版社 1995 年版，第 220 頁。

進行辯護。」¹正是基於這種理解，羅蒂提出了哲學理性的當代任務：「摒棄西方特有的那種將萬物萬事歸結為第一原理或在人類活動中尋求一種自然等級秩序的誘惑。」²由此，羅蒂提出了反表像主義、反本質主義和反基礎主義的「後哲學文化」。

　　我國學者在反省整個西方傳統哲學時，亦作出了大體相似的理論概括：「經過 20 世紀西方哲學對傳統哲學的批判，西方傳統哲學的理論性質、思維方式和功能作用等元哲學或哲學觀問題更為清晰可見。簡單地說，西方傳統哲學是追求絕對真理的超驗形而上學，其思維方式是以意識的終極確定性為基礎或目標的邏各斯中心主義或理性主義，其功能作用是以最高真理和人類理性名義發揮思想規範和統治作用的意識形態。」因此，西方傳統哲學「本質上是一種脫離現實而又統治現實的顛倒的世界觀」，而馬克思給自己提出的歷史任務則是「把這種顛倒的世界觀再顛倒過來，以使人們正視真實的現實世界。」³正因為馬克思哲學不是以「絕對真理」之名去充任規範人的全部思想與行為的「意識形態」，而是從「現實的人及其歷史發展」出發而展開「意識形態批判」，因而馬克思主義哲學才不再是「解釋世界」的舊哲學，而只是「改變世界」的新哲學。

1　羅蒂：《哲學和自然之鏡》，三聯書店 1987 年，第 1 頁。
2　羅蒂：《哲學和自然之鏡》，三聯書店 1987 年，中譯本作者序。
3　高清海、孫利天：《馬克思的哲學觀變革及其當代意義》，載於《馬克思與我們同行》，中國社會科學出版社 2003 年版，第 22 頁。

　　訴諸哲學史，我們可以發現，近代以來的西方哲學，在「上帝的人本化」的哲學演進中，一直致力於尋求和論證「人的自由何以可能」；然而，以黑格爾為代表的「法國革命的德國理論」，為人的自由所提供的「根據」，是「絕對理念」即「無人身的理性」的「自己運動」，也就是「個人受抽象統治」的現實。馬克思的哲學革命，則是要求把人從「抽象」的統治中解放出來，也就是從「資本」的普遍統治中解放出來，把「資本」的獨立性和個性變為人的獨立性和個性。馬克思明確地提出：「對實踐的唯物主義者即共產主義者來說，全部問題都在於使現存世界革命化，實際地反對並改變現存的事物。」¹這樣，馬克思就把關於「人的自由何以可能」的理性思辨，革命性地變革為關於「人類解放何以可能」的「實踐唯物主義」。「實踐」，成為馬克思主義哲學的基本理念和核心範疇。這就是以「改變世界」為主題的馬克思哲學。

　　程彪博士的著作具體地討論了馬克思哲學的「改變世界」的主題，對於人們理解馬克思哲學所實現的哲學革命是富有啟發性的。希望他以此為基礎，不斷地深化對馬克思哲學的探索。

孫正聿

2005 年 12 月 18 日

1　《馬克思恩格斯選集》第 1 卷，人民出版社 1995 年版，第 75 頁。

走出「解釋世界」與 「改變世界」的悖論

一、「解釋世界」與
「改變世界」的兩層悖論

　　「哲學家們只是用不同的方式解釋世界，問題在於改變世界。」[1]
學界公認這句話標誌着馬克思哲學的革命性變革，並以此為依據把
馬克思哲學簡潔地稱作「改變世界」的哲學，而把馬克思以前的哲
學或者西方傳統哲學，統稱作「解釋世界」的哲學。

　　這個區分和概括雖然一目了然地表明了馬克思哲學的革命性，
然而卻是非常籠統和模糊的。在思想的追問下必然陷入難以自拔的
悖論之中。

　　首先，哲學史研究表明，「改變世界」並非馬克思哲學的專
利，任何哲學都不是脫離現實的純粹的「概念遊戲」或「思想體
操」，任何哲學都懷有強烈的改變世界的願望或動機。蘇格拉底把
自己比做神賜予雅典的一隻牛虻；柏拉圖把實現其「哲學王」的理
想，作為變革現實政治的最高方式；十八世紀法國唯物主義者和

1　《馬克思恩格斯選集》第 1 卷，人民出版社 1995 年版，第 57 頁。

啟蒙思想家對於歷史發展的革命性作用，更是難以估量；即使是以晦澀思辨著稱的德國古典哲學也被馬克思稱作「法國革命的德國理論」。尤其需要強調指出的是，雖然馬克思的這個論斷（「哲學家們只是用不同的方式解釋世界，問題在於改變世界」），直接針對的就是費爾巴哈等青年黑格爾派，而且馬克思認為他們的思想實際上是保守的，「就是要求用另一種方式來解釋存在的東西，也就是說，藉助於另外的解釋來承認它。」[1]但是，他們對現實卻抱有強烈的批判精神，尤其對宗教和政治的批判是非常激烈的。因此，並不能完全否定他們反叛現實和改變世界的思想動機，否則就不能說明為何他們會引起當局的極大恐慌，也不能說明他們為何會強烈地吸引着青年馬克思的注意力。由此可見，任何哲學都不是純粹的概念遊戲、思想體操，任何哲學都具有「改變世界」的強烈願望或動機，而且也的確起到了變革現實、推動歷史的思想解放作用。

其次，從哲學的理論性質看，哲學之為哲學，就在於它是超越的、批判的。除了哲學的自我超越和自我批判的一面外，哲學首先要超越和批判的就是現實。無論多麼抽象的哲學觀念都不是世界之外的玄思遐想，所以馬克思說：「任何真正的哲學都是自己時代精神的精華」，同時又是「文明的活的靈魂」。[2]作為二者的統一，哲學不僅反映和表徵着自己的「時代精神」，而且還批判性地塑造和

1　《馬克思恩格斯選集》第 1 卷，人民出版社 1995 年版，第 66 頁。
2　《馬克思恩格斯全集》第 1 卷，人民出版社 1956 年版，第 121 頁。

引導着新的「時代精神」。批判現實、「改變世界」是哲學的理論性質所決定的哲學的使命。沒有一種哲學僅僅滿足於「解釋世界」，僅僅提供某種解釋世界的原則或觀念。任何哲學都具有「解釋世界」「改變世界」的雙重功能。

　　第三，馬克思哲學，作為哲學，同樣也必定具有「解釋世界」與「改變世界」的雙重功能。而且可以説，只有馬克思哲學才真正實現了這兩種功能的統一：它作為時代精神的精華必然反映和表徵着時代，即「解釋」着現存世界；它作為文明的活的靈魂又必然構成對現存世界的批判，即「改變」着現存世界。馬克思哲學作為「改變世界」的哲學，若要切實承擔起「改變世界」的功能或任務，真正起到理論指導的方法論的作用，必須首先具備科學地「解釋世界」的功能，科學地把握社會歷史的基本結構和發展規律。如果馬克思哲學不具備這種「解釋世界」的功能，那麼，「改變世界」也就會成為「空想」，或者僅僅是一種「善良的願望」而已。

　　通過以上三個方面的思想追問，我們認識到，任何哲學都具有「解釋世界」與「改變世界」的雙重功能，因而必然會對「解釋世界」的哲學與「改變世界」的哲學的區分和概括產生懷疑和詰難：馬克思以前的哲學也具有「改變世界」的動機或功能，卻為什麼稱之為「解釋世界」的哲學呢？馬克思哲學並非排除「解釋世界」，卻又為什麼稱之為「改變世界」的哲學呢？

　　這種追問充分暴露出了理解「解釋世界」與「改變世界」的第一層悖論，也是一個最顯明的悖論：一方面，在思想前提上，人們

承認任何哲學都具有「解釋世界」與「改變世界」的雙重功能；另一方面，人們卻又不顧面對這一思想前提，試圖從功能的角度把哲學區分為「解釋世界」的哲學與「改變世界」的哲學。

這是一個邏輯悖論，只要否定了這一邏輯悖論的前提，也就是只要不再把「解釋世界」與「改變世界」理解為哲學的功能，就消除或超越了這一邏輯悖論。超越這一悖論的通常思路，就是從哲學的理論本性的角度，去理解「解釋世界」與「改變世界」的差異或對立，「解釋世界」與「改變世界」所標誌的是馬克思以前的哲學與馬克思哲學的不同理論本性。

從哲學的理論的角度來理解，之所以稱馬克思以前的哲學為「解釋世界」的哲學，是因為其理論本性是「解釋世界」的；同樣，之所以稱馬克思哲學為「改變世界」的哲學，是因為其理論本性是「改變世界」的。這種理解，雖然超越了上面所說的邏輯悖論，但由於難以把握馬克思哲學的理論本性，卻陷入更深層的思想悖論之中——

從理論本性看，馬克思以前的哲學家們都致力於尋求一個能夠「解釋世界」的最根本的統一性原則，無論這個統一性原則是「本原」、「上帝」還是「理性」。他們認為只要人們把握住他們所確證的那個「解釋世界」的最根本的統一性原則，就能夠自然而然、輕而易舉地實現對現實世界的改變。從另一個角度說，他們認為，只要使人們放棄原有的錯誤的、膚淺的、得自先前哲學或習俗的「解釋世界」的思想觀念，獲得一種嶄新的、正確的、深刻的、每個哲

學家所自信的「解釋世界」的根本觀念，也就自然會促使人們去實際地「改變世界」。因此，在馬克思以前的哲學家看來，只要解釋了世界，就能夠自然而然地改變世界。正如恩格斯所說，黑格爾認為「思維和存在的同一性要得到證實，人類就馬上把他的哲學從理論轉移到實踐中去，並按照黑格爾的原則來改造整個世界。這是他和幾乎所有哲學家所共有的幻想。」[1] 因此，對於馬克思以前的哲學而言，問題的關鍵就在於「解釋世界」，就在於尋求能夠真正「解釋世界」的根本原理。馬克思以前的哲學所一直堅持不懈地尋求的，就是這個「解釋世界」的根本原理。

這實際上就把「改變世界」消融於「解釋世界」之中。「所有這些哲學家都致力於改變人們的觀念，即致力於以某種新的方式去說明現存世界，而不是推動人們去從事改變現實世界的實際鬥爭。」[2] 也正如馬克思在批判青年黑格爾派時所揭示的：「青年黑格爾派玄想家們儘管滿嘴講的都是所謂『震撼世界的』詞句，卻是最大的保守派。」「這種改變意識的要求，就是要求用另一種方式來解釋存在的東西，也就是說，藉助於另外的解釋來承認它。」[3] 因此，我們完全可以把這些哲學稱為「解釋世界」的哲學。

在馬克思哲學看來，馬克思以前的哲學把「改變世界」消融於

1　《馬克思恩格斯選集》第 4 卷，人民出版社 1995 年版，第 225 頁。
2　《高清海文存》第 3 卷，吉林人民出版社 1997 年版，第 194 頁。
3　《馬克思恩格斯選集》第 1 卷，人民出版社 1995 年版，第 66 頁。

「解釋世界」之中，「只希望達到對現存事實的正確理解」，最終也無法真正「解釋世界」，他們所達到的只不過是對現實的辯護性解釋。正如恩格斯所指出的，企圖一勞永逸地「解釋世界」、發現「絕對真理」的願望，是一種不切實際的思辨哲學的幻想。「這樣給哲學提出的任務，無非就是要求一個哲學家完成那只有全人類在其前進的發展中才能完成的事情。」[1]

　　馬克思哲學識破了「思辨哲學的幻想」，認清了舊哲學尤其是黑格爾哲學對「絕對真理」的希求是不切實際的。恩格斯指出的，一旦認清了這一點，「那麼以往那種意義上的全部哲學也就完結了。我們把沿着這個途徑達不到而且任何單個人都無法達到的『絕對真理』撒在一邊，而沿着實證科學和利用辯證思維對這些科學成果進行概括的途徑去追求可以達到的相對真理。」[2] 馬克思恩格斯在《德意志意識形態》中也指出，「在思辨終止的地方，在現實生活面前，正是描述人們實踐活動和實際發展過程的真正的實證科學開始的地方。關於意識的空話將終止，它們一定會被真正的知識所代替。對現實的描述會使獨立的哲學失去生存環境，能夠取而代之的充其量不過是從對人類歷史發展的考察中抽象出來的最一般的結果的概括。」[3]

1　《馬克思恩格斯選集》第 4 卷，人民出版社 1995 年版，第 219 頁。
2　《馬克思恩格斯選集》第 4 卷，人民出版社 1995 年版，第 219-220 頁。
3　《馬克思恩格斯選集》第 1 卷，人民出版社 1995 年版，第 73-74 頁。

　　馬克思哲學終結了「思辨哲學」，使哲學的理論本性發生了質的改變。馬克思哲學拋棄了舊哲學一勞永逸地解釋世界，進而通過改變人們的思想觀念來改變世界的「思辨的幻想」，不再企求「可以適用於各個歷史時代的藥方或公式」，[1]而是立足於「革命的實踐」，「在批判舊世界中發現新世界」。因此馬克思哲學的理論本性是「改變世界」的。對於馬克思哲學的這種「改變世界」的批判本性或革命本性，人們也是有基本共識的。

　　然而，如果我們進一步細究，就會發現，對於馬克思哲學「改變世界」的理論本性，人們的理解還是有很大差異的：

　　一種理解認為，馬克思哲學之所以是「改變世界」的，是因為馬克思哲學是「科學的世界觀和方法論」，或者說，馬克思哲學是「科學」，而且是「真正實證的科學」，它把單純「解釋世界」的思辨的哲學，變成了不僅科學地「解釋世界」而且現實地「改變世界」的實踐的哲學。在這種觀點看來，馬克思哲學否定了「思辨哲學」，開闢了對於「現實生活」的真正實證的科學研究。由於「思辨哲學」從抽象的思想觀念出發來「解釋世界」，因而永遠不能達到對現實世界的真正理解；馬克思哲學從「實踐」出發，即從「現實的人」或「從事實際活動的人」出發，科學地說明或解釋了人的現實世界，不僅找到了人類社會的真實基礎，而且揭示出了社會歷史發展的本質規律，使舊哲學陷入唯心主義的社會歷史領域得到了

1　《馬克思恩格斯選集》第 1 卷，人民出版社 1995 年版，第 74 頁。

合理的說明。從「實踐」這一現實基礎出發，使所有哲學問題都得到了合理的說明，一切哲學論爭也都消停了。「全部社會生活在本質上是實踐的。凡是把理論引向神祕主義的神祕東西，都能在人的實踐中以及對這個實踐的理解中得到合理的解決。」[1]這樣一來，馬克思哲學否定了「思辨哲學」，變成了「實證科學」。

　　另一種理解，是與第一種理解針鋒相對的，它認為馬克思哲學的「改變世界」的理論本性，不在於其科學性，而是因為它是一種批判的人道主義。在馬克思的思想理論中，的確有關於社會歷史發展的科學性內容，但是那不是馬克思的哲學，馬克思的哲學是那些科學性內容背後或深層的人道主義或人類解放的終極關懷。在這種觀點看來，把馬克思哲學理解為科學，不僅沒有看到其深層的哲學基礎，而且還使之成為「解釋世界」的理論。馬克思哲學之所以是「改變世界」的哲學，是因為它是一種以人道主義為核心的批判理論，包括宗教批判、政治批判、意識形態批判和經濟批判等等。通過對一切使人異化、使人喪失自由本性的東西進行無情的批判，展現人類的自由全面發展的理想前景。因此，馬克思把共產主義看作是「以揚棄私有製作為自己的中介的人道主義」，也即「實踐的人道主義的生成」。[2]馬克思哲學是「改變世界」的哲學，這不僅意味着現實地「改變世界」是馬克思哲學的理論歸宿和現實功能，而且

1　《馬克思恩格斯選集》第1卷，人民出版社1995年版，第56頁。
2　《馬克思恩格斯全集》第42卷，人民出版社1979年版，第174頁。

意味着「改變世界」、變革現實是馬克思哲學的理論本性或精神實質。「改變世界」所昭示的「徹底的批判精神」，作為馬克思哲學的精神實質，也是馬克思哲學的最重要的精神遺產。[1]

這兩種理解雖然互相對立，但並不矛盾。在第二種理解看來，第一種理解所說的科學的內容並非馬克思的哲學，而僅僅是馬克思的社會歷史理論；在第一種理解看來，第二種理解所指的僅僅是馬克思哲學的理論旨趣，而馬克思哲學區別於舊哲學的地方就在於，它把這種理論旨趣訴諸於科學，從而使之具有現實可能性。這兩種理解是相互補充的，兩者對馬克思哲學的「改變世界」的理論本性的理解，都是非常模糊的，都沒有把握住馬克思哲學的理論本性。兩者不僅會導向同一個結論：馬克思哲學不再是哲學──它或者是科學，或者是人道主義，或者是兩者的結合；而且還共享着和強化着同一個理論前提：哲學的知識論立場。

孫正聿先生認為，「哲學的知識論立場，就是把哲學視為具有最高的概括性（最大的普遍性）和最高的解釋性（最大的普適性）的知識，並以知識分類表的層次來區分哲學與科學，從而把哲學視為關於『整個世界』的『普遍規律』的知識。這樣哲學就成了具有最大的普遍性的科學，就成了全部科學的基礎。這種哲學的知

1　從精神實質的角度把馬克思哲學的「改變世界」理解為批判精神，是所謂後現代馬克思主義者，如德里達（Jacques Derrida）、詹明信（Fredric Jameson，又譯為「詹姆遜」或「傑姆遜」，本書中我們統一用「詹明信」）等人的觀點。這種觀點可以追溯到作為「批判的馬克思主義」的法蘭克福學派。

識論立場，在西方傳統哲學中是根深蒂固的。」[1]胡塞爾（Edmund Husserl）把哲學的這種知識論立場稱作哲學的「本欲」:「自最初的開端起，哲學便要求成為嚴格的科學」,「這個要求時而帶着較強的力量，時而帶着較弱的力量被提出來，但它從未被完全放棄過。」[2]可以説，這種哲學的知識論立場，從根本上決定着西方傳統哲學或馬克思以前的哲學的理論本性，認清了這一立場，我們就會理解，為什麼前馬克思哲學都竭力尋求「解釋世界」的根本原理:從亞里士多德對「最高原因的基本原理」的尋求，一直到黑格爾對「絕對精神」的禮讚，傳統哲學所心儀的，一直是那種科學乃至整個文化的最高支撐點、世界的最終的解釋原則，即作為「終極存在」、「終極解釋」和「終極價值」三位一體的「本體」。因此，這種哲學的知識論立場又被稱為「本體論的思維方式」。[3]

　　馬克思哲學乃至整個現代哲學，意識到並根本超越了傳統哲學的知識論立場，從而實現了哲學的革命性變革。人們通常從三個不同的角度，把現代哲學的革命概括為三個「轉向」，即:「語言學轉向」、「生存論轉向」、「實踐論轉向」。如果不能站在現代哲學所達到的思想高度，也即超越傳統哲學的知識論立場，就不能理解馬克思哲學乃至整個現代哲學的理論本性。否則，即使認清了馬克思

1　孫正聿:《哲學通論》，遼寧人民出版社 1998 年版，第 89 頁。

2　胡塞爾:《哲學作為嚴格的科學》，商務印書館 1999 年版，第 1 頁。

3　參見孫正聿:《哲學通論》，遼寧人民出版社 1998 年版，第四章第一節。

以前的哲學的「解釋世界」的理論本性或知識論立場，也仍然無法真正把握馬克思哲學的理論本性，無法超越這種知識論立場，而只能一味地否定和激烈地反叛。這種否定和反叛正從反面強化了同樣的哲學立場和同樣的思維方式。其結論必然是：如果承認馬克思哲學是哲學，那麼它必然是「解釋世界」的，這樣就把馬克思哲學拉回到舊哲學的行列之中；如果要強調馬克思哲學對舊哲學的革命，突出它的「改變世界」的本性，那麼就只能宣稱馬克思哲學已不再是哲學。這便構成了人們理解「解釋世界」與「改變世界」的第二層悖論：一方面，只有超越了前馬克思哲學的知識論立場或「解釋世界」的理論本性，才能理解馬克思哲學的「改變世界」的理論本性；另一方面，馬克思哲學的「改變世界」的理論本性，正在於它超越了舊哲學的知識論立場，如果不理解馬克思哲學的「改變世界」的理論本性，也就無法超越前舊哲學的知識論立場。正如高清海先生所指出的，「理解創新的哲學，實質上是意味着理解者的觀念轉變，而這恰好和他的理解相悖反，他如果沒有理解，他的觀念也難以轉變。」[1]

　　這實際上是一個解釋學的悖論或解釋學循環。如果說像哲學解釋學的研究所表明的那樣，解釋學悖論或解釋學循環的超越，只能是以正確的方式進入這種悖論或循環，那麼，要想超越理解「解釋世界」與「改變世界」的第二層悖論，關鍵就在於以正確的方式進

1　《高清海文存》第 1 卷，吉林人民出版社 1997 年版，第 80 頁。

入馬克思哲學和現代哲學，在現代哲學的思想視閾中，通過對馬克思哲學所實現的哲學變革的切實研究，達到「自我」與馬克思哲學的「視閾融合」，進而真切地把握馬克思哲學的理論本性。

人們在理解「解釋世界」和「改變世界」時所陷入的兩層悖論，即邏輯悖論和解釋學悖論，是緊密相關的。解釋學悖論是邏輯悖論的深層的思想根源；邏輯悖論則是解釋學悖論的必然結果。人們之所以總是從功能的角度理解哲學的「解釋世界」和「改變世界」，其根源就在於不能跳出舊哲學根深蒂固的知識論立場，也就是沒有理解馬克思哲學的革命性，正在於對這種知識論立場的克服與超越，因而總是以科學對世界的解釋和改造作類比，來理解哲學的「解釋世界」和「改變世界」。

由此可見，走出「解釋世界」與「改變世界」的悖論的關鍵，就在於能否超越哲學的知識論立場，也即能否真正把握馬克思哲學的革命性意義，站在馬克思哲學的立場上來理解馬克思哲學的理論本性。這便又回到了我們最初的出發點。我們一開始正是以馬克思的那句名言──「哲學家們只是以不同的方式解釋世界，而問題在於改變世界」為切入點，展開我們的論述的，現在我們又回到了這句名言。不過，現在我們不能再停留在對這句名言的籠統理解上，而是從馬克思哲學的思想實質或理論本性來理解其深刻的內涵。換句話說，馬克思的這句名言，只有從馬克思哲學的立場出發，才能理解其深刻內涵；也只有在理解這句名言的真正含義的前提下，我們才能斷言，這句名言標誌着馬克思哲學的革命性變革；同樣，也

只有在此前提下，才能走出理解「解釋世界」與「改變世界」的悖論。

二、走出「解釋世界」與「改變世界」的悖論

　　通過上文對「解釋世界」與「改變世界」的兩層悖論的剖析，我們認識到，能否超越近代哲學的知識論立場，從馬克思哲學的立場出發來理解馬克思哲學及其所實現的革命性變革，是走出理解「解釋世界」與「改變世界」的悖論之關鍵。

　　可以說，自馬克思哲學創立以來，人們就一直在探討馬克思哲學的革命性意義之所在。就我國哲學界而言，最富有成效的探討集中在改革開放以來二十多年的時間裏。20世紀80年代以來，以批判傳統教科書、改革傳統教科書的體系框架為思想切入點，深入展開了對馬克思哲學的理論本性和革命性意義的探討；90年代以來，學界更是以現當代西方哲學的廣闊背景為參照，圍繞着馬克思哲學的當代性問題，去探討馬克思哲學的理論本性和革命性意義。通過艱苦的思想工作，學界逐漸在如下兩點上達成共識：

　　其一，馬克思哲學是現代哲學的開創者之一，因而馬克思哲學當然屬於現代哲學的範疇，當然具有當代性意義；

　　其二，馬克思哲學的變革是一種全方位的變革，包括哲學的目

的或理論旨趣、哲學的視野或研究對象、哲學的主題或核心問題、哲學的思維方式或話語方式、哲學的理論形態，以及哲學與其他文化樣式的關係等各個方面，可以借用庫恩的「範式」理論，稱這種全方位的變革為「哲學範式」的根本轉換。

　　學界對於這種「哲學範式」的根本轉換，從不同的角度作了深入探討，並取得了豐碩的成果。概而言之，有兩個主要的角度：一個是從哲學的視野或研究對象的轉換的角度，探討了馬克思哲學所實現的「哲學範式」的轉換；另一個是從哲學的思維方式或話語方式的角度，探討了馬克思哲學所實現的「哲學範式」的轉換。前者認為，馬克思哲學的革命性變革，在於它實現了哲學視野或研究對象的轉換，即：由脫離了人的自然或宇宙，轉向現實的人類世界；後者認為，馬克思哲學的革命性變革，在於它實現了哲學思維方式由「本體論的思維方式」向「實踐論的思維方式」的轉換。

　　雖然兩者發論的角度不同，但是兩者最終都把馬克思哲學定位於「改變世界」的哲學。「實際上，而且對實踐的唯物主義者即共產主義者來說，全部問題都在於使現存世界革命化，實際地反對並改變現存的事物。」[1]也即以人的發展為中心，「把人的世界和人的關係還給人自己。」[2]

　　不僅如此，兩者還共同提示出了一個新的研究視角，即：從

1　《馬克思恩格斯選集》第 1 卷，人民出版社 1995 年版，第 75 頁。
2　《馬克思恩格斯全集》第 1 卷，人民出版社 1956 年版，第 443 頁。

哲學主題轉換的角度，去理解和探討馬克思哲學所實現的「哲學範式」轉換。前者認為，在馬克思哲學把哲學的視野轉向現實的人類世界時，也就把哲學的任務，規定為解答現實的人類實踐中的「人與世界」、「主體與客體」、「主觀與客觀」、「理想與現實」等關係問題。馬克思哲學本身「就是對人類實踐活動中各種矛盾關係的一種理論反思。」[1]後者認為，在馬克思哲學創立了「實踐論的思維方式」的同時，也就為自己提出了新的任務：「就是去回答那些由於改變現存世界而產生的各種理論課題。」[2]

由此可見，馬克思哲學所討論的問題是全新的問題，這些問題只是由於人類實踐能力的高度發展才被尖銳地提了出來，並成為哲學思考的對象。舊哲學是不會也不可能提出這些問題的。「改變世界」是直到馬克思哲學才提出的問題，馬克思哲學提出了這個問題，並把它當作自己的核心主題。因此，我們完全可以從哲學所討論的問題的變化的角度，或者更確切地說，從哲學主題轉換的角度，來考察馬克思哲學的革命性變革。這正是我們的立意初衷。

從哲學主題轉換的角度看，「哲學家們只是以不同的方式解釋世界，而問題在於改變世界。」這句名言所包含的深刻思想內涵也就一目了然了，它所表達的正是馬克思哲學所實現的哲學主題轉

1　肖前、李淮春、楊耕主編：《實踐唯物主義研究》，中國人民大學出版社 1996 年版，第 32 頁。

2　《高清海文存》第 3 卷，吉林人民出版社 1997 年版，第 193 頁。

換：即從舊哲學的「解釋世界」的主題到馬克思哲學的「改變世界」的主題的革命性轉換。

　　哲學主題，是某種哲學思想所圍繞展開的核心問題。任何一個哲學理論，歸根到底都是對於某個哲學主題的探討。哲學主題對於哲學理論的核心意義，類似於阿爾都塞所謂的「理論總問題」對於理論體系的意義，[1] 也可以比做拉卡托斯所謂的「理論硬核」對於「科學研究綱領」的意義。如果哲學主題發生了變化或被否定了，那麼，整個哲學理論就將發生變化或被否定。

　　哲學主題具有強烈的時代性。哲學是「思想中的時代」或「時代精神的精華」，一種哲學的時代性內涵，不僅鮮明地表徵在它的核心理念中，而且更集中體現在這種哲學的獨特主題上。在這個意義上我們可以說，哲學的主題也就是時代的主題，是對於時代主題的理論把握與哲學反思。同一個時代的哲學家，他們的研究對象和研究領域，他們的理論背景和理論思路可能不盡相同，甚至針鋒相對，但是他們所探討和爭論的核心問題，即哲學主題卻是高度一致的，否則也就無法形成思想的爭鳴。時代的變化，時代主題的變化，必然會導致哲學主題的變化，哲學主題的變化和演進，雖然有其自身內在的思想邏輯，但卻與時代的變化發展處於一種歷史與邏輯的辯證統一之中。

1　參見阿爾都塞：《保衛馬克思》，商務印書館 1984 年版，第 54 頁；《讀〈資本論〉》，中央編譯出版社 2001 年版，第 20 頁、第 44 頁等。

　　在哲學史上，哲學的革命、哲學主題的根本轉換，總是與時代的根本變化、與人類的存在方式的根本變化緊密聯繫在一起的。

　　哲學主題不同於哲學的研究對象。哲學主題作為哲學理論的核心問題，一般只有一個，但是，哲學主題卻制約着哲學的所有研究對象的範圍以及對它們的研究方式。哲學主題往往是隱蔽的，許多哲學家往往並不能明確意識到自己所討論的哲學主題。因此，馬克思強調要把哲學同哲學家的主體意識區別開來。[1] 哲學家本人往往並不清楚自己哲學的真正問題或哲學主題，不清楚自己探討的問題的實質與核心是什麼，也不清楚他們自己的工作的真正意義。然而，哲學的研究對象對於每個哲學家而言，則是必須非常清楚的。哲學的視野或研究對象的改變並不必然導致哲學主題的轉換，但哲學主題的轉換卻必然導致哲學視野和研究對象的改變。

　　哲學主題的轉換，意味着哲學目的或理論旨趣的根本改變，新的哲學主題也必然要求和塑造新的哲學思維方式和話語方式，必然形成新的哲學概念體系和理論形態。所以我們認為，從哲學主題轉換的角度來考察，能夠全面把握馬克思哲學所實現的哲學革命或哲學研究范式的根本轉換，能夠更準確地理解其「改變世界」的理論本性。

　　首先，從哲學主題轉換的角度看馬克思哲學的革命性變革，我們就不會再把它看作是「科學」或「人道主義」。雖然馬克思説，

1　參見：《馬克思恩格斯全集》第 40 卷，人民出版社 1982 年版，第 170 頁。

「在思辨終止的地方，在現實生活面前，正是描述人們的實踐活動和實際發展過程的真正的實證科學開始的地方。」[1] 然而，對現實的描述並非那麼簡單，也不是實證科學所能勝任的。當人們以實證科學的態度，即以承認現存世界的態度去把握世界時，世界總是在人們的視野之外，因為世界本身是變動不居和紛繁複雜的。認識現存世界，在一定意義上也就是把流動的世界凝固化，使辯證的世界形而上學化；只有當人們以批判的態度去面對現存世界，遵循世界自身發展的辯證邏輯去把握現存世界時，才能真正理解世界。因此，對待現存世界的正確態度、辯證的態度是「在對現存事物的肯定理解中同時包含對現存事物的否定的理解，即對現存事物的必然滅亡的理解」。[2] 而且，現實世界總是人的現實生活世界，是人們以自身的感性實踐活動建構起來並全身心地參與其中的世界，人們不可能超離於其外站在純粹客觀的科學立場上，考察這個現實的生活世界。馬克思強調指出，「只有在人們着手考察和整理資料──不管是有關過去時代的還是有關當代的資料──的時候，在實際闡述資料的時候，困難才開始出現。」[3] 這裏出現的問題，就是以實證科學的方式考察人的現實生活世界時所必然遇到的困難。因此，我們不能簡單地從科學的角度理解馬克思哲學，包括歷史唯物主義理論以

1　《馬克思恩格斯選集》第 1 卷，人民出版社 1995 年版，第 73 頁。

2　馬克思：《資本論》第 1 卷，人民出版社 1975 年版，第 24 頁。

3　《馬克思恩格斯選集》第 1 卷，人民出版社 1995 年版，第 74 頁。

及《資本論》等政治經濟學批判著作，而應當把它們看作是馬克思對新的哲學主題所作出的探討與解答。同樣，也不能走向另一個極端，簡單地把馬克思哲學看作是離開了對人的現實世界的實證考察的、抽象的人道主義理論或空洞激進的批判精神。

其次，從哲學主題轉換的角度看馬克思哲學的革命性變革，我們就不會僅僅停留在社會存在決定社會意識、實踐決定一切的抽象的唯物主義原理上，而是深入到對現實的實踐或社會歷史發展的具體規定的真實研究之中。正如張一兵先生所說，「認為實踐活動是通向哲學新視界的入口或基石，或者是過渡性的邏輯起點，這種看法是正確的。但實踐絕不能是赫斯那種『非歷史主義的抽象』東西」，「而有着具體的、歷史的和現實的社會物質發展基礎的現代實踐，才是馬克思新世界觀的真正邏輯起點。」[1] 也正如李德順先生所認為的那樣，實踐的觀點不是教條，而是一個自覺的能動的要求，它要求「創造性地回答現實生活中什麼物質決定什麼意識」，而不是「天天念叨『物質決定意識』。」[2] 由此我們便可以深切地領會恩格斯的下述論斷：「即使只是在一個單獨的歷史事例上發展唯物主義的觀點，也是一項要求多年冷靜鑽研的科學工作，因為很明顯，在這裏只說空話是無濟於事的，只有靠大量的、批判地審查過的、

1　張一兵：《回到馬克思》，江蘇人民出版社 1999 年版，第 360-361 頁、第 359 頁。

2　李德順：《立言錄》，黑龍江教育出版社 1998 年版，第 69 頁。

充分地掌握了的歷史資料，才能解決這樣的任務。」[1]

　　而這正是馬克思批判性地潛心研究政治經濟學的寫照。正是圍繞着「改變世界」這一主題，馬克思才深入到對現實的實踐或社會歷史發展的具體規定的深入研究之中。唯物主義不是掛在口頭上的教條或空洞的結論，而是像馬克思那樣對人的現實生活世界進行批判性研究的指南。

　　最後，從哲學主題轉換的角度看馬克思哲學的革命性變革，我們也不會把它看作是哲學的完成或哲學的終結。儘管我們都承認馬克思哲學是從實踐出發的，「實踐的觀點」是它的根本觀點，但是如果看不到它已經實現了哲學主題的轉換，就會把實踐觀點看作是對所有哲學問題的徹底解答——無論是古代哲學的「世界的統一性問題」，還是近代哲學的「思想的客觀性問題」，以及與之相關的所有哲學問題。因而也就有「實踐觀點的確立解決了所有舊哲學所不能解決的問題」的説法。如果真是這樣，那麼何談哲學的發展與馬克思主義哲學的發展？馬克思哲學不就真的是哲學的終結嗎？

　　馬克思哲學實現了哲學主題的轉換，它所探討的不再是舊哲學的問題，而是全新的問題。正如羅蒂在評價杜威（John Dewey）、維特根斯坦（Ludwig Wittgenstein）和海德格爾（Martin Heidegger）時所強調的，他們乾脆「放棄了而不是反駁了認識論和形而上學」，

1　《馬克思恩格斯選集》第 2 卷，人民出版社 1995 年版，第 39 頁。

就象近代哲學放棄經院哲學一樣。[1] 作為馬克思哲學的核心範疇的「實踐」以及它的「實踐觀點」，都應當從哲學主題轉換的角度來理解：與其說馬克思哲學解決了所有舊哲學的問題，不如說它拋棄了舊哲學的主題，或者說，改變了哲學的提問方式，從而實現了哲學的革命性變革；與其說馬克思哲學是哲學的終結，不如說它是哲學發展的新起點，它確立了一個新的哲學主題，並對這一主題作出了它自己的獨特回答。

　　馬克思哲學之所以是當代不可超越的，最根本的原因就在於，它所確立的哲學主題在今天仍然是哲學論爭的焦點。正如詹明信（Fredric Jameson）所說，「在法國知識界非馬克思主義化之後……大理論家更為明確地意識到他們自己的工作是如何建立在馬克思主義問題性（再強調一次：不是馬克思主義本身）之上的。」[2]

　　從哲學的歷史發展來看，哲學主題是在不斷轉換的。古代哲學的主題是「世界的統一性問題」，它直接從世界自身出發追問世界的統一性。隨着人的自我意識的覺醒以及實驗科學的獨立與發展，人們逐漸意識到，人們對世界的理解和解釋、關於世界的思想觀念，並不必然具有客觀必然性，思想的客觀性是需要證明的。這樣，「思想的客觀性問題」就構成了近代哲學的主題。近代哲學是從意識或「思維與存在的關係」出發，反思人們對於世界的解釋或

1　羅蒂：《哲學與自然之鏡》，三聯書店 1987 年版，第 3 頁。
2　詹明信：《晚期資本主義的文化邏輯》，三聯書店 1997 年版，第 3 頁。

關於世界的思想的客觀性根據的。正因如此，我們說「解釋世界」是近代哲學的主題。馬克思哲學認識到，「解釋世界」或「思想的客觀性問題」是一個抽象的、脫離了人的現實存在的思辨哲學問題，而人類社會發展所面臨的最為迫切的問題，是如何批判性地揭示人的現實存在狀況，進而為社會歷史的發展，為「人類解放」指出一條現實的道路，從而實現了哲學主題從「解釋世界」到「改變世界」的革命性轉換。當前人類的存在與發展問題是最為緊迫、最為突出的時代性問題，這一問題也是現當代哲學的聚焦點，也就是說，「改變世界」的問題不僅是馬克思哲學的主題，而且也是整個現當代哲學的主題。

我們也可以預言，一旦人類的存在與發展問題得到很好的解決之後，哲學主題又必將發生新的轉換。

總之，從哲學主題轉換的角度，我們把馬克思哲學的革命性變革，看作是哲學主題由「解釋世界」到「改變世界」的根本轉換。我們認為，也只有從哲學主題轉換的角度，我們才能恰當地把馬克思哲學稱作「改變世界」的哲學；把馬克思以前的哲學，更準確地說，把近代哲學稱作「解釋世界」的哲學。這樣，自然就走出了「解釋世界」與「改變世界」的悖論。

❖ 第一章 ❖

馬克思哲學實現哲學主題
轉換的理論前提

　　馬克思哲學不是離開人類文明大道的宗派主義的東西，它是恩格斯所說的「建立在通曉思維的歷史和成就的基礎上的理論思維」[1]。馬克思哲學的革命性變革，是哲學歷史發展以及社會歷史發展的必然結果。哲學的歷史發展，尤其是近代哲學的邏輯演進，構成了馬克思哲學的革命性變革的理論前提。因此，在探討馬克思哲學所實現的哲學主題的轉換之前，我們應當首先考察馬克思哲學主題轉換的理論前提。

第一節　哲學的歷史演進與哲學的主題轉換

　　從哲學主題及其轉換的角度來看哲學的歷史演進，我們可以把哲學史看作是不同的哲學主題的提出、明確、深化、展開及其自我批判、自我否定、自我超越最終徹底轉換的歷史。正如孫正聿先生

1　《馬克思恩格斯選集》第 3 卷，人民出版社 1972 年版，第 533 頁。又參見《馬克思恩格斯選集》第 4 卷，人民出版社 1995 年版，第 308 頁，譯文稍有不同。

所説,「哲學史的斷代,是以『問題』的轉換為標誌的。」[1]「哲學的自我追問總是以哲學問題的轉換而獲得時代性的特徵。」[2] 也正如羅蒂所説,應當「把哲學史不是看作對一些相同問題所做的一系列交替出現的回答,而是看作一套套十分不同的問題。」[3] 在馬克思哲學所實現的哲學變革之前,哲學的歷史發展還經歷了一次重大的革命性變革,那就是由古代哲學到近代哲學的革命性變革。哲學歷史發展中的每次革命性變革,都實現了哲學主題的根本轉換。

我們説不同時代的哲學具有不同的哲學主題,並不否認在一定意義上可以説哲學的問題是永恆不變的。比如,哲學永遠是對「一」的尋求;哲學永遠是對「人」的追問;哲學永遠是對人的安身立命之本的眷注或終極關懷等等。施太格繆勒(Wolfgang Stegmuller)把這些「固定不變」的「哲學基本問題」,概括為四大類:「關於宇宙的根本性質和最基本法則的形而上學問題;關於神的世界原理和一切有限存在的意義和目的的宗教哲學問題;關於存在著作為主體的人應該遵守的絕對有效的規範的倫理學問題;此外還有與人類認識所能達到的範圍、可靠程度和方式有關的邏輯問題和認識論問題。」但是施太格繆勒馬上指出,「哲學問題始終不變,與此同時問題的解決方式卻不斷地改變着。這種見解並不完全是錯

---

1 孫正聿:《尋找「意義」:哲學的生活價值》,載《中國社會科學》1996 年第 3 期。
2 孫正聿:《哲學通論》,遼寧人民出版社 1998 年版,第 221 頁。
3 羅蒂:《哲學與自然之鏡》,三聯書店 1987 年版,第 18 頁。

的。」哲學的變化，不僅是因為「所提出的見解是前所未有的、新穎的，並且部分地是徹底的；而且因為問題的提法根本改變了。」如果過分地誇大不同時代的哲學問題之間的一致性，並把這種一致性絕對化，那就不可能理解哲學發展過程中的革命性轉折，也就不可能理解現代哲學。[1]因此，我們認為，如果說哲學有着永恆的主題或問題，那只是在抽象的意義上説的。它不僅抽象掉了哲學在其歷史發展中提問方式的根本差別，而且更抽掉了哲學作為「時代精神的精華」的豐富而具體的時代性內容。

哲學作為「時代精神的精華」，是與人類的歷史發展息息相關的。任何哲學理論，都把這種永恆的主題或問題訴諸於具體的時代性的哲學主題，並通過對時代性的哲學主題的探討，來實現哲學的永恆的、人類性的終極眷注。哲學的時代性內容與永恆的人類性的旨趣，在具體的哲學主題中統一起來。從這個意義上説，哲學中沒有抽象的永恆的主題，哲學的每一個問題都具有獨特的時代歷史背景，因而也就具有具體的時代性內容。許多哲學概念，雖然在語詞上是一樣的，比如「世界」、「人」、「存在」、「本體」、「真理」、「意義」等，但是實質性內涵在不同的時代卻是截然不同的。同樣，對於那些所謂永恆的哲學問題，我們也應當這樣理解。

從歷史與邏輯相統一的角度，我們把哲學的歷史演進從哲學主題的轉換的角度劃分為三大階段，即：古代哲學、近代哲學、現當

1　施太格繆勒：《當代哲學主流》，商務印書館 1986 年版，第 15-16 頁。

代哲學。與這三個階段相對應的，是三個不同的時代性的哲學主
題，即：古代哲學的「世界的統一性問題」、近代哲學的「思想
的客觀性問題」、現當代哲學的「存在的合法性問題」。[1]哲學由
古代到近代再到現當代的歷史演進，也就是哲學主題由「世界的統
一性問題」到「思想的客觀性問題」再到「存在的合法性問題」的
轉換。下面我們將具體展開論述。

一、古代哲學到近代哲學：「世界的統一性問題」到「思想 的客觀性問題」的轉換

　　古代哲學到近代哲學的革命性變革，通常被稱作「認識論轉
向」。從哲學主題轉換的角度看，這種「認識論轉向」的真實內涵，
就在於實現了哲學主題由古代哲學的「世界的統一性問題」到近代
哲學的「思想的客觀性問題」的哲學主題轉換。

　　古代哲學的哲學主題是「世界的統一性問題」。古代哲學超越

1　雖然現當代哲學的主題還不是很明朗，但是許多現代哲學家都意識到了「人類
　的存在與發展」乃是最為迫切的時代主題，在這一時代境遇中，如何理解和揭
　示當前人類的生存狀況，反思和確立人類存在的合法性的問題，或者說，如何
　理解和反思人自身的存在及其意義的問題，也就自然而然地成為現當代哲學最
　為關注的問題。例如：伽達默爾（Hans-Georg Gadamer）曾在《20 世紀的哲
　學基礎》一文中指出，們「我們必須更為尖銳地提出我們時代的問題，即在一
　個完全由科學支配的社會現實中人如何能夠理解自己。」（伽達默爾：《哲學解
　釋學》，上海譯文出版社 1994 年版，第 111 頁。）因此，我們把現當代哲學的
　主題概括為「人類存在的合法性問題」，簡稱「存在的合法性問題」。當然，這
　裏的「存在」不是一般本體意義上的存在，而是人的存在或生存意義上的存在。
　對於現當代哲學的主題，本書第四章「馬克思哲學主題的現代意蘊」還將進一
　步展開論述。

古代神話傳説和原始宗教關於世界神創的觀念，力圖從世界自身來説明世界的統一性。最早古希臘哲人所尋求的是「萬物由之產生又復歸於它」的世界的「本原」或「始基」。德謨克里特的「原子論」是這種「本原論」或「本體論」的最高成就。蘇格拉底認識到自然哲學家對世界「本原」的理解是找錯了路子，世界的統一性不可能建立在某種本身就是世界的特殊部分的物質性的「本原」之上。他開始尋求所謂事物的「真正原因」，即超越經驗個體事物的抽象的一般共性。[1] 蘇格拉底之後，柏拉圖、亞里士多德進一步發展了這種思路。亞里士多德的關於「最高原因的基本原理」的「本體論」，是這種思路的最高成就。

　　然而古代哲學作為哲學，它對「世界統一性問題」的探討，並非如亞里士多德所説的那樣僅僅出於人類的求知本性，其中隱含着的、更為深刻的衝動，乃是人類對於自身存在的關注。通過對世界的「本原」或「本體」的思索，對宇宙秩序的探索，古代哲人所真正關注的，是如何確定人類在宇宙中的位置和人類自身存在的意義。古代哲學最後發展為宗教神學，也更為清楚地表明了這一點。所以卡西爾（Ernst Cassirer）認為，雖然「人類知識的最初階段一定是全部只涉及外部世界的，」但是「從人類意識的最初萌芽之時起，我們就發現一種對生活的內向觀察伴隨並補充着那種外向

1　參見高清海主編：《歐洲哲學史綱新編》，吉林人民出版社 1990 年版，第75-76 頁。

觀察。」[1]

　　古代哲學以「世界統一性問題」為哲學主題，是直接「從世界本身」提出問題的結果。在人類理性覺醒之後，其思想鋒芒必然首先指向豐富多彩的外部世界，一方面獲得關於外部世界的知識，另一方面尋求外部世界的統一性或可理解性，而且這兩個方面是未加分化地混合在一起的，所以，古代哲學所表現出的直接的理論形態，就是百科全書式的知識總匯。古代哲學家既沒有把對「世界的統一性問題」作為哲學問題獨立地提出來，也沒有意識到他們對世界的各種理解或「解釋」是成問題的。這與古代人的生存處境也是一致的，他們的首先任務是如何理解眼前這個千差萬別、千變萬化的世界，如何在這個變幻莫測的世界中生存下去的問題。

　　隨着人的自我意識的覺醒以及實驗科學的獨立與發展，人們逐漸意識到，自己對於世界的理解或「解釋」，即關於世界的知識和思想，並不必然具有客觀必然性，相反，人類的意識或思想可能會造成對客觀世界的歪曲，所以必須首先對意識本身進行考察。近代哲學是從對意識自身的自覺反思出發，去反思人類對於世界的「解釋」、反思關於世界的知識和思想，是反思的、批判的。而古代哲學正是離開對意識的自覺反思而直接從世界自身出發，尋求世界的統一性，因而必然是獨斷的。

　　從哲學基本問題即「思維與存在的關係問題」的角度看，古

1　卡西爾：《人論》，上海譯文出版社 1985 年版，第 5 頁。

代哲學離開了思維對存在的關係而直接斷言存在；而近代哲學則意
識到了思維與存在的關係問題的邏輯優先性。近代哲學之所以說實
現了「認識論轉向」，就在於它不再直接從世界自身出發尋求世界
的統一性，而是從意識出發去反思人類對於世界的所有知識和思想
的客觀性的根據。「世界的統一性問題」也就自然讓位於「思想的
客觀性問題」，哲學的「認識論轉向」也就意味着哲學主題由「世
界的統一性問題」到「思想的客觀性問題」的轉換。「思想的客觀
性問題」提出的時代背景，是近代自然科學的發展以及資本主義
的興起和蓬勃發展，人類的理性的空前擴張。人們自信，人類憑藉
理性，不僅能夠征服自然世界，而且也一定能夠控制社會歷史的發
展。為這種理性事業吶喊助威，為這種理性事業奠定牢固的基礎，
是近代哲學的光榮任務和責任。近代哲學充溢着這種理性的信念，
理性代替上帝成為一種新的信仰對象。可以說，近代哲學對理性的
反思和批判，都是在這種信念或信仰前提下展開的，通過對理性的
反思和批判，進一步論證和強化了這種理性信念或信仰。

　　「整個西方近代哲學的根本問題是思想的客觀性問題」。[1] 孫正
聿先生的這一論斷可謂一語中的。儘管「思想的客觀性問題」直到
康德哲學才被明確地提了出來，康德的提問方式是：「知識何以可
能？」或「先天綜合命題是怎樣可能的？」[2] 但是「思想的客觀性問

1　孫正聿：《理論思維的前提批判》，遼寧人民出版社 1992 年版，第 144 頁。

2　康德：《未來形而上學導論》，商務印書館 1978 年版，第 32 頁。

題」卻制導着整個近代哲學的發展。在康德之前，探討「思想的客觀性問題」的兩種思路，形成了唯理論和經驗論的雙峰對峙。

對「思想的客觀性問題」的探討，標誌着近代哲學的開端。近代哲學以笛卡兒的「我思故我在」的命題開端。他通過「普遍懷疑」的方法去尋求人類知識的「阿基米德點」或思想的客觀性的基礎。在笛卡兒看來，任何絕對可靠的知識，都是由心靈或自明的「我思」推演出來的，即任何絕對可靠的知識都來源於「天賦觀念」；得自經驗的知識並不具有客觀必然性。這實際上也就把主體或「心靈」確定為知識的客觀必然性的基礎或思想的客觀性的最終根據。洛克繼承培根經驗主義傳統，與笛卡兒針鋒相對地認為，人心並沒有所謂的「天賦觀念」，人心原是一塊「白板」，它所具有的所有知識、觀念，最終都可以歸結為直接的感覺經驗，所有複雜觀念都是由簡單觀念組合而成的。這就是經驗主義的著名教條：「凡是在思想中的無一不在經驗中。」知識的可靠性或思想的客觀性，依賴於經驗的直接給予或簡單觀念與對象的直接契合。這實際上是把外部世界的客觀存在，理解為知識的客觀必然性的基礎或思想的客觀性的最終根據。

笛卡兒和洛克對「思想的客觀性問題」的不同回答，分別為近代唯理論和經驗論的思想發展設定了基調。笛卡兒以後，唯理論中經萊布尼茨到斯賓諾莎；洛克以後，經驗論中經貝克萊到休謨。兩派在各自的發展中一方面互相批評，另一方面又互相借鑒。雖然兩派對知識的源泉、標準或客觀性的根據問題的回答是不同的，甚至

是截然對立的，但是它們所要回答的問題卻是同一個，即：「思想的客觀性問題」。而且，他們對這一問題的回答，也沒有能夠超出笛卡兒和洛克所框定的思想範圍，總是在兩者之間搖擺，只是做些這樣那樣的修正和調整而已。

康德明確提出了「思想的客觀性問題」，也就使得唯理論和經驗論所爭論的問題明確化了。而問題一旦明確之後，唯理論和經驗論的對立也就被超越了。「康德的哲學既超越了理性主義和經驗主義問題的提問方式，也超越了它們的解決方式。」[1]

康德揭明了休謨問題的真正涵義：「問題不在於因果概念是否正確、有用，以及對整個自然知識來說是否必不可少（因為這方面休謨從來沒有懷疑過），而是在於這個概念是否能先天地被理性所思維，是否具有一種獨立於一切經驗的內在真理，從而是否具有一種更為廣泛的、不為經驗對象所局限的使用價值，這才是休謨所期待解決的問題。這僅僅是概念的根源問題，而不是它的必不可少的使用問題。」[2] 康德意識到，休謨所困惑的不是因果性觀念的使用和現實有效性的問題，而是能否以及如何證明因果性觀念的客觀有效性和普遍必然性的問題。從康德的這一理解出發，我們可以說，休謨問題的重大思想史意義，在於提出了一個嶄新的課題：如何證明

1　曼弗里德・布爾：《理性的歷史——德國哲學關於歷史的思考》，社會科學文獻出版社 1992 年版，第 39 頁。

2　康德：《未來形而上學導論》，商務印書館 1978 年版，第 8 頁。

因果性觀念以及其他所有的邏輯範疇的客觀有效性和普遍必然性；
與此同時，又為完成這一課題啟示了一條思路：這種證明不能訴諸
於經驗，而只能訴諸於對於人的意識或理智本身的考察，儘管休謨
認為這種證明是不可能的。

　　康德明確意識到，認識論的實質問題不是知識是否可能或「先
天綜合命題」是否可能的問題，而是它們怎樣可能的問題：知識何
以可能？或「先天綜合命題」是怎樣可能的？近代自然科學，尤其
是數學和物理學的巨大成就現實地擺在人們面前，它們的客觀有效
性和普遍必然性是不容置疑的。所以康德說，「這樣我們就至少具
有某種無可爭辯的先天綜合知識，並且不需要問它是不是可能的
（因為它是實有的），而只需要問它是怎樣可能的，以便從既定知
識的可能性的原理中也能夠得出其餘一切知識的可能性來。」[1] 也正
如胡塞爾所說，「認識的可能性對自然思維來說是自明的」，只有
在「哲學思維」中，認識的可能性才成為「理性批判」的對象，而
認識論就是對認識可能性的「理性批判」[2] 這可以說是對康德的「批
判哲學」的最好說明。

　　通過對人類理性的批判性研究，康德認為，「先天綜合命題」
的可能性在於先驗主體所具有的先驗「感性形式」和「知性範疇」，
以及它們與感性材料的結合。也即是說，思想的客觀性的基礎在於

1　康德：《未來形而上學導論》，商務印書館 1978 年版，第 31 頁。
2　胡塞爾：《現象學的觀念》，上海譯文出版社 1986 年版，第 21-23 頁。

先驗主體所具有的感性直觀能力和知性綜合能力的結合。感性直觀提供關於對象的感性材料，知性範疇整理感性材料形成知識。在康德看來，「思維無感性則空，直觀無概念則盲」。兩者缺一不可。而唯理論和經驗論則各執一端，因而都有失偏頗。然而，正如黑格爾所指出的，康德的直觀與知性只是外在地聯合在一起，「思維、知性仍保持其為一個特殊的東西，感性也仍然是一個特殊的東西，兩者只是在外在的、表面的方式下聯合着，就像一根繩子把一塊木塊纏在腿上那樣」。[1] 而且更為嚴重的是，康德在這裏所謂的理性僅指「理論理性」，它與「實踐理性」、「審美理性」處於截然的分裂之中，雖然康德曾試圖以「審美理性」來統一「理論理性」和「實踐理性」。

　康德之後，費希特、謝林和黑格爾致力於彌合康德所造成的感性與知性的分裂，以及「理論理性」、「實踐理性」與「審美理性」的分裂，企圖用一種統一的或絕對的理性原則為思想的客觀性奠定一個絕對可靠的、一勞永逸的基礎，最終形成了以黑格爾的「本體論」、「認識論」、「辯證法」三位一體的絕對哲學體系，它以「絕對理性」或「絕對精神」的辯證法，完成了為思想的客觀性奠基的任務。

　當然，這一任務的完成僅僅是在認識論哲學的範圍內而言的，或者說是在純粹思想或抽象意識的範圍內而言的。現代哲學跳出了認識論哲學的範圍，還從人類的社會歷史、文化傳統、生活境域等

1　黑格爾：《哲學史講演錄》第 4 卷，商務印書館 1978 年版，第 271 頁。

不同方面，進一步深化和拓展了「思想的客觀性問題」的思想基礎。以現代哲學的眼光看來，「思想的客觀性問題」如果離開了人類的社會歷史、離開了人類的生存與發展，就是沒有意義的。因此，雖然現代哲學仍然討論「思想的客觀性問題」，但是這一問題在現代哲學中明顯地處於從屬地位，即從屬於人類的生存與發展問題或「存在的合法性問題」。現代哲學雖然僅有一百多年的歷史，但是仍然可以看出，在這一百多年的發展中，哲學的主題已經逐漸由「思想的客觀性問題」轉換為「存在的合法性問題」。

二、近代哲學到現代哲學：「思想的客觀性問題」到「存在的合法性問題」的轉換

　　現代哲學對近代哲學的革命，通常被概括為三個「轉向」，即：「語言學轉向」、「生存論轉向」、「實踐論轉向」。我們認為，三者具有內在的一致性，他們從三個不同角度，共同昭示着現代哲學的主題轉換。

　　「語言學轉向」（Linguistic turn），既包括英美分析哲學的「語言分析」，又包括歐陸人文哲學的「哲學解釋學」。前者可以稱作狹義的「語言學轉向」，後者又被某些哲學家稱作「解釋學轉向」。

　　「語言學轉向」把哲學問題歸結為語言問題。就狹義的「語言學轉向」也即分析哲學的「語言分析」而言，「語言學轉向」可以概括為卡爾納普（Rudolf Carnap）的那句名言，即「一切哲學問題都是語言問題。」根據伯格曼（Gustav Bergmann）的解釋，這句話

包含兩層涵義：其一，是指傳統的哲學問題都是由於沒有弄清語言
的邏輯句法而提出的無意義的假問題，因而解決這些問題就只能通
過邏輯分析的方法；其二，是指哲學家們試圖談論認識、世界和事
物等，歸根結底都可以看作是對這些談論的語言分析，而對語言的
分析和接受一種語言架構，並不實際上蘊涵着一個關於所談論的對
象的實在性的承諾和判定。[1] 分析哲學的語言分析所走過的道路，正
是從第一層涵義逐漸向第二層涵義過渡。這個過渡被阿佩爾（Karl-
Atto Apel）稱作分析哲學的「語用學轉向」。當維特根斯坦宣稱「語
言的意義即用法」[2] 時就意味着這個過渡的完成。奎因（Willard Van
Orman Quine）認為，本體問題「不是何物存在的問題，而是説何
物存在的問題。」[3] 如伽達默爾認為，「能理解的存在就是語言。」
這兩種説法都一語中的地道出了現代哲學「語言學轉向」的實質，
即以語言懸置世界本身。

　　現代哲學的「語言學轉向」，在其發展中逐漸彌合了語言的邏
輯性和語言的人文性的兩極對立。這個融合過程明顯地顯示出「語
言學轉向」與「生存論轉向」的共通之處。語言不再是一種與人相
外在的表達工具，而成為人的存在方式。不是人佔有作為工具的語
言，而是人被作為歷史文化的積澱的語言所佔有。這也就是海德格

1　參見江怡：《世紀之交再話「語言的轉向」》，載《國外社會科學》1998 年第 5 期。

2　維特根斯坦：《哲學研究》，商務印書館 1996 年版，第 31 頁。

3　奎因：《從邏輯的觀點看》，上海譯文出版社 1987 年版，第 1 頁。

爾所說的「當人思索存在時，存在也就進入了語言。語言是存在之家，人栖住於語言之家。」[1]

「生存論轉向」的肇始是與存在主義哲學密切相關的。存在主義反對傳統思辨哲學把人看作是抽象的理性存在物，力圖展現個人的豐富性。與傳統哲學強調理性以及理性對世界的構建相對，存在主義強調個人的意志、情感、體驗等非理性因素，以及先於任何理論自覺或理性破壞的原初的「生活世界」，從而把哲學視野由超驗的思想世界轉向現實的生活世界，從人的生存特別是個人的生存出發，來思考人的存在及其意義。海德格爾是「生存論轉向」的核心人物。海德格爾強烈地批判傳統形而上學，認為傳統形而上學固執於主體與客體的二元對立，只是從「存在者方面來解釋存在」，從而致使哲學的根本問題或唯一問題即「存在」問題一直處於遮蔽狀態。在傳統形而上學的主體與客體相對立的二元結構中，「存在」被當作一種「存在者」，成為主體所處置的對象。「存在」與「主體」處於抽象的對立之中。由此導致的結果是，雖然科學昌明、技術發達，「存在」却一直被遮蔽着，「人」也一直被遺忘着。海德格爾認為，應當首先追問「存在的意義」，「存在問題」不僅具有必要性，而且在「存在論層次」和「存在者層次」的雙重層次上都具有優先性。「任何存在論，如果它不曾首先充分澄清存在的意義並把澄清存在的意義理解為自己的基本任務，那麼，無論它具有多麼豐富、

---

1 轉引自趙敦華：《現代西方哲學新編》，北京大學出版社 2000 年版，第 182 頁。

多麼緊湊的範疇體系，歸根到底它仍然是盲目的，並背離了它最本己的意圖。」[1]

海德格爾用「此在」（Dasein）指稱人這樣的存在者。只有人才能追問「存在」，人就是追問着存在的存在者。「對存在的領會本身就是此在的存在的規定。」[2]「此在」即「存在於此」的意思。「存在」與「此在」的這種親密關係表明，「存在」就在人（此在）的追問中敞開。人的追問着「存在」的存在方式，叫做「生存」；對人的「存在的意義」的生存論研究被海德格爾稱作「基礎存在論」（Fundamentalontologie）。[3]雖然海德格爾後來放弃了建構「基礎存在論」的設想，但是却沒有放弃對於「存在意義」的思索。他不再僅僅從作為「此在」的人入手，而是另闢蹊徑，從真理、語言、藝術、技術等來顯示存在的意義。這實際上也就把哲學的視野轉向了人的現實生存的廣闊領域。這又與「實踐論轉向」的理論傾向是完全契合的。

「實踐論轉向」一般特指馬克思哲學所實現的哲學革命，也可以廣義地指西方馬克思主義等受馬克思主義影響的哲學思潮。它意味着從實踐出發，即從「現實的人及其歷史發展」出發，去理解哲學以及哲學的所有問題，這樣就使哲學進入到人的現實生活、社會

1　海德格爾：《存在與時間》，三聯書店 1999 年版，第 13 頁。

2　海德格爾：《存在與時間》，三聯書店 1999 年版，第 14 頁。

3　海德格爾：《存在與時間》，三聯書店 1999 年版，第 16 頁。

歷史文化以及人類生存與發展的領域。

　　由以上分析，我們可以看出「語言學轉向」、「生存論轉向」、「實踐論轉向」三者具有內在的一致性。它們本來也只是從不同側面對現代哲學的革命性變革的概括，或者說，是對現代哲學發展的不同理論思路的概括。它們都是反對傳統哲學，尋找哲學思想發展的新方向，並且最終在社會歷史文化以及人類生存與發展這個新的視界中實現了融通。因此，現代哲學的三個「轉向」，最直接地表達出現代哲學所實現的思想視界的轉移或研究對象的轉換。

　　然而，不能僅僅從思想視界的轉移或研究對象的轉換的角度，理解現代哲學的三個「轉向」，而應當深入到現代哲學的理論表面之下，揭示其深層的哲學提問方式的根本改變，或哲學主題的根本轉換。正如我們應當從哲學主題轉換的角度去理解馬克思哲學的革命一樣，我們也應當從哲學主題轉換的角度來理解整個現代哲學的這種革命性變革。從哲學主題轉換的角度，我們就能更清楚地理解三個「轉向」之間的共通之處，更能凸顯出現代哲學對近代哲學的革命性變革。雖然三個「轉向」顯示了現代哲學的不同的理論思路，但是在不同的思路中，它們所思考和爭論的核心問題或主題却是同一個，這個主題可以概括為：人的存在及其意義問題或「人類存在的合法性問題」。

　　許多現當代哲學家都意識到，在現代哲學各流派的融合趨勢中，逐漸顯露出它們問題的一致性。如伯恩斯坦（Richard J. Bernstein）在其名著《超越客觀主義與相對主義》中指出，「貫穿

於對伽達默爾、哈貝馬斯、羅蒂和阿倫德的討論的全過程，我們力圖說明他們共同關心的問題，但沒有否認他們之間的重要分歧。在他們所有的人中，我們已經感到一個主流，它把我們吸引到下述主題：對話、交流、沒有歪曲的交往、共同判斷和那種在個人平等的人和參加者相遇時產生的理性懇求。」[1]這個主題不能理解為狹義的交往理論，而應當理解為對人類存在狀況與發展前景的反思，因為伯恩斯坦還明確地指出，「伽達默爾、哈貝馬斯、羅蒂和阿倫德都幫助我們思考我們的形勢、我們的歷史和我們的前景。」[2]

因此，現代哲學雖然流派眾多、思路不同、觀點各异，甚至曾經以鄰為壑、難以溝通，但是在哲學主題轉換這一點上却是共同的。它們都在各自的發展中摒弃了近代哲學的主題，即「思想的客觀性問題」，而轉向新的哲學主題，即人類「存在的合法性問題」。這不僅是哲學自身邏輯發展的結果，也是歷史發展的產物。從哲學自身邏輯發展的角度看，純粹的意識哲學或認識論哲學達到高峰或完成（黑格爾哲學）之後，哲學的發展必然要跳出純粹思想或抽象意識的範圍，而進入更為廣闊的社會歷史與人類的生存與發展領域，並在新的思想視域中，重新提出和思考哲學問題。從哲學基本問題即「思維與存在的關係問題」的角度看，近代哲學離開了思維

---

1   伯恩斯坦：《超越客觀主義和相對主義》，光明日報出版社 1992 年版，第278 頁。

2   伯恩斯坦：《超越客觀主義和相對主義》，光明日報出版社 1992 年版，第284 頁。

與存在的關係的現實基礎或中介，僅僅從思想與存在的關係出發抽象地反思思維與存在的關係問題，因而必然是抽象的。現代哲學則深入揭示出了思維與存在關係的基礎或中介，並從這些基礎或中介出發考察思維與存在的關係問題。

第二節　「解釋世界」：近代哲學的主題

通過以上分析，我們知道，近代哲學的主題是「思想的客觀性問題」，而「思想的客觀性問題」簡潔地說也就是「解釋世界」的問題。「思想的客觀性問題」作為哲學主題，是指對思想的客觀性的根據和基礎的反思與尋求。近代自然科學尤其是數學和物理學表明，知識和思想的客觀性是不容懷疑的事實，問題只在於如何說明和論證這種客觀性，也就是說如何尋求和確定這種客觀性的根據或基礎。也正是在這一點上，近代哲學家們才陷入分歧。

近代哲學以「思想的客觀性問題」為主題，意味着把「解釋世界」作為問題納入哲學之中，而在近代以前，「解釋世界」是不成其為問題的。在古代哲學中，在人類樸素的信念支配下，人們相信自己對世界的理解或解釋，相信事物之中或自然界之中存在着客觀的秩序或規律，相信思想能够把握事物的本質和規律，因而相信思想所把握到的就是事物本身的本質和規律。所以才有巴門尼德關於「思想和它的存在是相同一的」的思想。黑格爾認為，在這種對

待客觀性的「素樸的態度」即形而上學的態度中，思維的規定即是
事物本身的規定。懷特海（A·N·Whitehead）稱這種樸素的信念
為「本能的信念」，認為這種「本能的信念」是近代自然科學得以
產生的思想前提。[1]但是懷特海還說，「科學從來不為自己的信念找
根據，或解釋自身的意義」，[2]用海德格爾的説法就是「科學不思」。
尋找科學的信念的根據，也即把思想對世界的解釋作為問題進行反
思，這却是哲學的任務，也正是這一點構成了近代哲學的主題。

　　從哲學基本問題即「思維與存在的關係問題」的角度看，這一
點就更為清晰了。恩格斯在《路德維希·費爾巴哈和德國古典哲學
的終結》中簡潔地指出，「全部哲學，特別是近代哲學的重大的基
本問題是思維和存在的關係問題。[3]在《自然辯證法》中也强調説，
「我們的主觀的思維和客觀的世界遵循同一些規律」，這個事實不
僅「絕對地支配着我們的整個理論思維」，而且「是我們的理論思
維的本能的和無條件的前提。」[4]在古代哲學中，人們的理論思維只
是受這個前提絕對地統治着，人們並沒有自覺到這個前提的存在及
其强制性，也就是説沒有提出思維和存在的關係問題。同樣，在科
學以及其他各種人類把握世界的基本方式，如常識、倫理、藝術、
宗教等中，人們也不可能提出思維和存在的關係問題。

1　懷特海：《科學與近代世界》，商務印書館 1997 年版，第 4 頁。
2　懷特海：《科學與近代世界》，商務印書館 1997 年版，第 16-17 頁。
3　《馬克思恩格斯選集》第 4 卷，人民出版社 1995 年版，第 223 頁。
4　《馬克思恩格斯選集》第 4 卷，人民出版社 1995 年版，第 364 頁。

　　只有當近代哲學以科學為反思對象追究其客觀有效性的基礎，即一般地反思思想的客觀性的基礎時，才意識到這個前提並把它作為問題提了出來。正如黑格爾所言，近代哲學不再是淳樸的，「它的主要興趣並不在於如實地思維各個對象，而在於思維那個對於這些對象的思維和理解，即思維這個統一本身。」實現「思維與存在的和解。」[1] 所以恩格斯說，「思維與存在的關係問題」作為哲學基本問題，只是在近代哲學中「才被十分清楚地提了出來，才獲得了它的完全的意義。」[2] 近代哲學正是由於把「解釋世界」作為主題納入哲學之中，才廣泛而深入地探討了哲學基本問題，並使之獲得了「完全的意義」。

一、「思想的客觀性問題」的演繹

　　「思想的客觀性問題」作為近代哲學的主題，貫穿於近代哲學的始終，對「思想的客觀性問題」的探討構成了近代哲學深層的演進邏輯，並最終使近代哲學走向自我否定、走向終結。

　　如果用最簡潔的方式甚至用一個詞來指示近代哲學對「思想的客觀性問題」的探討和回答，那麼這個詞就是「理性」。近代哲學無論前期的唯理論和經驗論，還是德國古典哲學和法國唯物主義，都在廣泛的意義上把「理性」確定為思想客觀性的基礎。

1　黑格爾：《哲學史講演錄》第 4 卷，商務印書館 1959 年版，第 5-7 頁。
2　《馬克思恩格斯選集》第 4 卷，人民出版社 1995 年版，第 224 頁。

　　卡西爾在概括「啟蒙時代的精神」時指出,「所有形形色色的精神力量匯聚到了一個共同的精神中心。形式的差別和多樣性只是一種同質的形成力量的充分展現。當 18 世紀想用一個詞來表達這種力量時,就稱之為『理性』。『理性』成了 18 世紀的聚焦點和中心,它表達了該世紀所追求並為之奮鬥的一切,表達了該世紀所取得的一切成就」。[1] 不僅如此,理性乃是整個近代哲學的核心,近代哲學的出發點就是以科學反對迷信,以理性反對權威,理性可以説是整個近代文明或時代精神的核心或象徵。因此,無論是在哲學思想上,還是在廣義的文化上,近代都堪稱為「理性的時代」。

　　但是,近代哲學對於理性的理解是變化着的,也經歷了一個發展的過程。「從培根和笛卡爾到黑格爾和費爾巴哈的哲學發展,被看作是理性產生和發展的歷史。」[2] 而且我們認為,近代理性觀念的發展,與對「思想的客觀性問題」的探討是密切相聯的。既然理性是對「思想的客觀性問題」的回答,不同的回答也就構成了理性的不同內涵,或者説形成了不同的理性觀念;理性觀念的不斷自我批判和深入發展,又推動着「思想的客觀性問題」的探討的不斷深入。不同的理性觀念,構成了近代哲學「解釋世界」的不同原則。

　　古代哲學就有感性認識與理性認識之分,有「人是理性的動

1　卡西爾:《啟蒙哲學》,山東人民出版社 1988 年版,第 3-4 頁。

2　曼弗裏德·布爾:《理性的歷史——德國古典哲學關於歷史的思考》,社會科學文獻出版社 1992 年版,第 1 頁。

物」的説法，但古代哲學傾向於把理性看作宇宙的秩序或神的屬性，作為人的能力的理性，只不過是這種宇宙理性的一種表現形式。正如伽達默爾所説：「它在宇宙中尋找理性」，理性「並不是人的自我意識的最初的最重要的屬性，而是存在本身的屬性。存在本身以這種方式而成為全體和表現為全體，即人類理性被極其適當地設想為這種存在的合理性的一部分，而不是被設想為同客觀的全體相對應並對其加以認識的自我意識。」[1]從總體上看，近代哲學是以人反對神，以理性反對迷信、信仰和權威，高揚了人的主體性，而且把理性作為主體的本質屬性。然而，近代哲學在其早期（即康德之前）基本上繼承了古代哲學的理性觀念，認為理性是人區別於其他造物和神的能力，人憑藉理性就可以把握事物的本質和規律，而且在很大程度上仍然承認理性是宇宙世界的自然法則。

　　我們曾指出，前康德哲學對「思想的客觀性問題」的探討，是在唯理論和經驗論兩種思路的雙峰對峙中進行的。唯理論認為，思想的客觀性基礎在於主體，在於心靈所具有的自明的觀念；經驗論認為，思想的客觀性的基礎在於客體，在於經驗的直接給予性。但是，兩者都不曾否認理性對於思想客觀性的關鍵作用，而且兩者對理性也有着許多共同的看法。「就這一點來説，無論是認識論上的唯理論還是經驗論，都同屬於『理性主義』範疇，或者説，都是理

1　伽達默爾：《科學時代的理性》，國際文化出版公司 1988 年版，第 29、15 頁。

性哲學。」[1] 它們的理性觀可以歸納為如下幾點：

首先，理性是一種獨立的批判精神，藉此把意識從權威、迷信和偏見中解放出來。笛卡爾認為，憑藉理性的普遍懷疑，可以達到絕對自明的第一原理。培根認為，憑藉理性可以清除思想上的障礙或「假相」。

其次，理性是獲取知識的一種能力或方法，包括演繹和歸納。唯理論認為，理性能力主要是一種邏輯推理或分析的能力；經驗論認為，理性能力主要是一種綜合、概括和歸納的能力。

最後，理性的最高的思維原則是形式邏輯的同一律或矛盾律，在涉及實際事物的認識時，它的最高原則是因果律以及如萊布尼茨所謂的充足理由律。

實際上，前康德哲學所理解的理性實際上只是知性。理性不僅被理解為主體的思想工具，而且還被理解為簡單的外在作用，它只能在觀念的外延或事物的形式層面上進行運作，而不能深入到觀念的內涵或事物的本質。最明顯的就是霍布斯把綜合和分析比作觀念的加減。因此，馬克斯·韋伯把這種作為知性的理性稱作「工具理性」或「形式理性」。黑格爾認為，這種作為知性的理性不能深入事物的本質，也不能深入理性自身的本質，因而只是理性的一種低級的或有限的形式。

1　楊祖陶：《德國近代理性哲學和意志哲學的關係問題》，載《哲學研究》1998 年第 3 期。

　　雖然這種作為知性的理性只能停留於事物的外在方面，但是，前康德哲學却堅信這種理性能够把握事物的本性，前面我們曾指出，這是對於理性的一個樸素信念。理性雖然是一種批判性的力量，但它僅僅是一種工具；它可以批判一切外在的對象，如宗教、信仰、傳統觀念甚至科學，但却不曾自我批判。在未經批判的理性的樸素的信念下，人們確信理性足以把握它的對象，而且把理性看作是宇宙的普遍法則，「既被設想為自然規律通過它而被理解的理智能力，又被設想為理智能力所理解的自然的秩序或規律。」[1] 當休謨否定了理性（因果性）的客觀必然性，否定了心靈與其對象之間的對應關係之後，理性就不得不把批判的矛頭指向自身，進行理性自身的自我批判，審查自身所自期自許的能力，審查自身在什麼意義上是思想的客觀性的基礎。這便是康德的「批判哲學」。

　　康德着意把自己的哲學稱作「批判哲學」，並以「純粹理性批判」、「實踐理性批判」、「判斷力批判」三大批判構建自己的哲學體系。三大批判皆以理性為批判對象：「純粹理性批判」所批判的是「理論理性」；「實踐理性批判」所批判的是「實踐理性」；「判斷力批判」所批判的是「審美理性」。通過對「理論理性」的批判性考察，康德認識到，作為思想的客觀性的基礎的理性，並不是籠統的理性，而只是「理論理性」中的感性直觀和知性綜合能力。基於這樣的認識，康德把人們一般所謂作為認知能力的理性，即「純粹

1　阿金：《思想體系的時代》，光明日報出版社 1989 年版，第 3 頁。

理性」或「理論理性」，分為感性、知性和狹義的理性。狹義的理性是先驗主體以其先驗範疇整理感性材料的能力，其有效範圍只能是現象界，如果認識不到這一點，不對理性自身加以自覺的限制，而任憑理性由其「形而上學的衝動」超出其有效的經驗範圍，就必然會陷入「先驗幻相」。這些「先驗幻相」包括關於心靈的「錯誤推論」、關於世界的「二律背反」以及關於上帝的「主觀理想」。因此，籠統的理性非但不是思想的客觀性的基礎，反倒是一切「先驗幻相」的根源。

　　康德已經認識到理性的內在超越性，即狹義的理性總想超越現象界把握「物自體」的「形而上學的衝動」，然而他却認為這種理性的本能必須被克服和限制，否則就會使理性自身陷入分裂。因此，就「理論理性」而言，康德對理性的理解仍然停留在抽象的知性上。

　　康德以限制理性的方式確立思想客觀性的基礎，受到後人的激烈批評。然而，康德思想飽藏魅力的地方在於，他在「理論理性」之外又提出「實踐理性」以及「審美理性」，尤其是他把「實踐理性」置於「理論理性」之先。「實踐理性批判」和「判斷力批判」，雖然超出了「純粹理性批判」的認識論範圍，但是康德在這兩個批判中仍然遵循着「純粹理性批判」的理論思路或方法論原則。比如，在「實踐理性批判」中，康德是通過對「實踐理性」的批判，尋求作為「絕對命令」的「道德原則」何以可能的根據；在「判斷力批判」中，通過對「審美理性」的批判，揭示「美學」何以可能的根據。

　　康德認為，三種理性的區分正對應於理性的三種基本能力：「理論理性」對應於「認知能力」；「實踐理性」對應於「欲求能力」；「審美理性」則對應於情感能力或「鑒賞能力」。三種理性各有其先驗原理：「理論理性」以「客觀有效性」或「自然因果性」為先驗原理；「實踐理性」以「意志自由」為先驗原理；「審美理性」則以「合目的性」或「自由因果性」為先驗原理。在《純粹理性批判》中，康德把他所關心的問題概括為三個問題：「（一）我所能知者為何？（二）我所應為者為何？（三）我所可期望者為何？」[1]在一封致友人的信裏，他說，他在純粹哲學領域中的「長期工作計劃」就是要解決這三個問題，「接着是第四個，最後一個問題：人是什麼？」與此同時，康德還在「邏輯學導論」中指出：「形而上學回答第一個問題，道德學回答第二個問題，宗教學回答第三個問題，人類學回答第四個問題。但是從根本上說可以把這一切都看成是人類學，因為前三個問題都是同最後一個問題相關聯的。」[2]而且，在《判斷力批判》中康德也明確聲明，可以把「判斷力批判」看作是前兩個批判結合的中介或手段。但是「純粹理性批判」仍然是整個哲學體系的基礎，「我所能知者為何？」這一問題是首要的問題。在《判斷力批判》完成後不久，康德開始展開對「我可期望者為何？」以及

1　康德：《純粹理性批判》，商務印書館 1960 年版，第 554 頁。

2　參見楊祖陶、鄧曉芒：《康德〈純粹理性批判〉指要》，湖南教育出版社 1996 年版，第 20 頁。

「人是什麼？」問題的探討。雖然康德沒有最終完成建構關於人的
完整的哲學體系，但是康德認為，他已經為建立這樣的哲學大廈打
下了堅實的基礎，這就是由「三大批判」對於人所實現的全部心靈
能力（理性）的先天原理的揭示。因此，整個康德的批判哲學都可
以看作是對「思想的客觀性問題」的回答，只不過這裏的思想不僅
指科學知識，而且還泛指所有觀念或思想領域。因此，「狹義的認
識能力（知性）只是為自然或科學知識提供先天原理，廣義的認識
能力（包括判斷力和理性）也為藝術（審美）和自由（實踐）提供
先天原理。」[1]

　　康德哲學是非常龐雜的，康德的理性觀也是非常獨特的。「理
論理性」所指的理性仍然是一種抽象的知性，這與前康德哲學對
理性的理解沒有質的不同，但「實踐理性」和「審美理性」所指
的理性，却不僅突破了對理性的知性理解，而且與之針鋒相對，
力圖展現一種超越於作為知性的理性之外的新的理性，它不是以
「自然因果性」而是以「意志自由」或「自由因果性」為先驗原理。
這樣就造成了理性自身的分裂和對立。從思想史的角度看，理性
的這種分裂和對立是很容易理解的，因為理性的自我審查、自我
批判，必然首先就是發現自身的內在矛盾。康德哲學以其豐厚的
內容，充分展示了理性的內在矛盾，這正是康德哲學的偉大功績

1　楊祖陶、鄧曉芒：《康德〈純粹理性批判〉指要》，湖南教育出版社 1996 年版，
　　第 24 頁。

之所在。苛求康德哲學在暴露矛盾的同時又能够消除矛盾是不現實的。不過，康德哲學在充分暴露理性的內在矛盾的同時也為克服這種矛盾提供了諸多思想啟示。康德之後，理性的自我批判或「思想的客觀性問題」的近代演繹，就必然以批判和超越康德哲學的形式向前推進。

　　費希特、謝林、黑格爾對康德哲學的批判，主要針對的是康德對理性的嚴格限制，以及以此為基礎造成的理性自身的分裂與「現象─物自體」對立的不可知論。他們企圖把理性統一起來，以絕對的理性原則超越康德的對理性的限制，消解康德的「物自體」，克服康德的不可知論，從而為思想的客觀性奠定一個堅實的、絕對的、一勞永逸的基礎。

　　費希特最初是康德的信徒，但不久就對康德哲學的不徹底性或二元論傾向表示不滿。費希特把自己的哲學稱作「知識學」，要建立「一切知識的知識學」。他認為，哲學的任務在於說明「經驗的根據」，而對「經驗的根據」的探求，如果徹底的話，只有兩種選擇的可能性：或者從客體出發，認為客體不依賴主體，這就是獨斷論或實在論；或者從主體出發，從主體引出客體，這就是批判的體系或唯心論。這兩個體系是絕對對立、不可調和的。「批判哲學（指費希特自己的哲學而非康德的批判哲學，但是這種說法也能够反映出費希特與康德的思想聯繫。──引者注）的本質，就在於把一個絕對的自我說成是絕對無條件的和不能被任何更高的東西所決定的……反之，那種把某物與自在的自我等同和對立起來的哲學

則是獨斷的。」[1]在費希特看來，康德哲學之所以是不徹底的，就在於康德有一個不依賴於自我的「物自體」與自我相並列或對立着，這就把實在論塞進了批判哲學的體系中。為消除康德哲學的不徹底性，費希特試圖以康德哲學的「實踐理性」統攝「理論理性」。雖然康德也主張「實踐理性」的優先性，但他從沒有實現「實踐理性」和「理論理性」的統一，更沒有達到主張整個現象系統都可以而且必須從「實踐理性」的原則中推導出來。「並不是理論能力使實踐能力成為可能，相反地，是實踐能力才使理論能力成為可能，（理性本性純粹是實踐的，只有把自己的法則應用於限制着自己的非我時，它才是理論的）。」[2]

　　費希特把他的哲學體系的出發點，即經過改造或加強的「實踐理性」，稱作「絕對自我」。這種「絕對自我」作為理性本身，就是理性和意志的同一，它的本質在於它本身就是一種行動，就是一種絕對的、無條件的、內在的、實現自己的衝動。具體包括三個環節：正題：「自我設定自己本身」；反題：「自我設定非我」；合題：「自我設定自我與非我的統一」[3]這樣，康德的「物自體」也就成了自我所設定的「純粹的虛構」，是完全沒有實在性的。後來，黑格

1　轉引自洪漢鼎：《費希特：行動的吶喊》，山東文藝出版社 1988 年版，第 99 頁。
2　轉引自洪漢鼎：《費希特：行動的吶喊》，山東文藝出版社 1988 年版，第 98 頁。
3　參見高清海：《歐洲哲學史綱新編》，吉林人民出版社 1990 年版，第 475 頁。

爾對「物自體」的批評所遵循的也是這個思路。[1]

　　費希特看到了康德哲學所揭示的理性的內在矛盾，並企圖以他的「絕對自我」，即結合了意志的理性來消除理性的內在矛盾。他賦予理性以行動的意志，也就把能動性賦予理性，徹底超越了對理性的凝固化的知性理解，並為黑格爾的「實體即主體」的辯證理性觀奠定了基礎。所以，馬克思認為，費希特的「自我意識」是黑格爾哲學的構成要素之一。[2]

　　但費希特哲學最終無法跳出唯我論的束縛，雖然他否定了與自我相對的作為非我的「物自體」虛假性，但是却不能真正克服自我與非我的僵持對立。所以，黑格爾認為，「在費希特哲學裏除了自我意識、自覺的存在這一環節外，什麼也找不到。」[3]因此，哲學發展的下一個環節必然是克服唯我論，走出「自我意識」，獲得精神的內容，實現自我與其內容的統一，這就是謝林哲學。[4]

　　謝林認為，必須以一個能够克服自我與非我、主觀與客觀、自然與理智、思維與存在的二元對立的絕對原則，才能克服費希特的唯我論，這個絕對原則就是「絕對同一性原則」。這個「絕對同一性原則」，一方面具有費希特「絕對自我」的能動性和自由，它

1　參見黑格爾：《小邏輯》，商務印書館 1980 年版，第 125 頁；黑格爾：《邏輯學》（上），商務印書館 1966 年版，第 13、46 頁等。

2　參見：《馬克思恩格斯全集》第 2 卷，人民出版社 1957 年版，第 177 頁。

3　黑格爾：《哲學史講演錄》第 4 卷，商務印書館 1978 年版，第 334 頁。

4　參見黑格爾：《哲學史講演錄》第 4 卷，商務印書館 1978 年版，第 335 頁。

不是僵死的實體；另一方面又與精神性的「絕對自我」不同，它還具有客觀性的意義。它可以比作按照內在必然性自身能動地運動起來的斯賓諾莎的「實體」。[1] 這樣的實體觀已經完全可以被黑格爾接受了。但是，在黑格爾看來，謝林思想的最大的特點也是最大的缺點就在於，他認為「絕對同一性原則」是理性所不能把握的，而只能訴諸於所謂「理智直觀」。「如果這樣的原則是理解整個哲學的條件，那就有必要問：這樣的原則如何可以在意識內被喚起並得到理解？這個原則是既不能通過概念去理解，也不能通過概念去表達的，這是不需要證明的。」「現在剩下的唯一辦法就是用一個直接的直觀去表達這個原則。」這種「直接的直觀」就是「理智直觀」。而「理智直觀」的客觀化就是藝術。[2]「因此理智的直觀、想像力、藝術品便被理解為表達理念的方式：『藝術品是最高的和唯一的方式，在其中理念成為精神的對象。』」[3]

　　謝林把「絕對同一性原則」作為思維與存在同一的最高原則，雖然清除了費希特的唯我論以及非我與自我的二元對立，也在一定意義克服了康德的不可知論，為思想的客觀性找到了一個統一的絕對的基礎，但是，這個基礎却是建立在「理智直觀」的基礎上的。近代理性觀發展到這裏，理性似乎走向了其反面，即非理性。但

1　參見黑格爾：《哲學史講演錄》第 4 卷，商務印書館 1978 年版，第 343 頁。

2　參見黑格爾：《哲學史講演錄》第 4 卷，商務印書館 1978 年版，第 351 頁。

3　黑格爾：《哲學史講演錄》第 4 卷，商務印書館 1978 年版，第 372 頁。

是，通過與費希特思想的聯繫，我們發現，謝林之所以提出「理智直觀」，是因為，在他看來，通常所謂理性或知性無法把握作為思想的客觀性的統一的、絕對的基礎的「絕對同一性原則」，所以他訴諸於一種高明的「理智直觀」，認為只有憑藉「理智直觀」才能把握「絕對同一性原則」，也就很自然了。因此，我們不能簡單地把「理智直觀」看作是對理性的簡單否定或非理性，而應當把它置於近代思想史尤其是理性觀的演進過程中，把它看作是近代理性觀演進的一個必然環節，是康德、費希特思想的繼續。從黑格爾對謝林的批評，以及黑格爾對整個近代理性觀的總結來看，這一點就更為明顯。

黑格爾哲學以「思維與存在的同一」為出發點，這實際上就認可了謝林的「絕對同一性原則」。但是，黑格爾與謝林不同的地方在於，黑格爾認為「思維與存在的同一」不是絕對的、無差別的同一，也不是靜止的、抽象的同一，而是內含差別的、自我發展的、辯證的統一。整個黑格爾哲學就是説明「絕對精神」如何自我規定、自我异化、自我發展，實現思維與存在同一的辯證過程，以及這種辯證過程在自然、社會、精神領域的體現。黑格爾既反對康德的不可知論，也反對謝林的「理智直觀」，他認為二者都陷入抽象的理智或知性之中，都沒有達到思辨理性或辯證理性。「抽象的思想（反思的形而上學的形式）與抽象的直觀（直接知識的形式）實是同一個東西。」[1]黑格爾認為，康德的不可知論以及在認識之前必

1　黑格爾：《小邏輯》，商務印書館 1980 年版，第 167 頁。

須先行考察認識能力以免犯錯誤的思想，是以如下三個假定為前提的：「它假定着將認識視為一種工具和媒介物的觀念，它也假定着我們自身與這種認識之間有一種差別，而它尤其假定着：絕對站在一邊而認識站在另一邊，認識是自為的與絕對不相關聯。」黑格爾尖銳地指出，康德把這些假定作為不容懷疑的真理，「這樣的一種假定，不禁使人覺得那所謂害怕錯誤，實際是害怕真理。」[1] 這實際上是對理性的不信任，或者說，是理性的謙卑。

　　黑格爾認為，雖然康德哲學批判了非反思的形而上學的觀點，認為思想一旦超出經驗範圍去斷定「物自體」，就會陷入矛盾，但是「康德在這裏僅停滯在物自體不可知的結果裏，而沒有更進一步達到對於理性矛盾有真正積極意義的知識。」[2] 所以，康德哲學仍然局限於知性或抽象理智的範圍內，仍然以抽象的同一性為最高原則。我們也應當承認，康德的功績在於充分揭明了知性思維的有限性，充分認識到理性的內在矛盾，這就為辯證理性超越知性奠定了思想基礎。

　　謝林在康德批判哲學的基礎上，同樣也認識到知性的有限性，他試圖以「理智直觀」來超越知性的有限性去把握絕對。謝林把這種通過「理智直觀」把握絕對的方式，稱為「信仰」或「天啟」。黑格爾認為，這實際上並沒有超越知性，而毋寧說是迴避了知性，

1　黑格爾：《精神現象學》（上），商務印書館 1979 年版，第 52-53 頁。
2　黑格爾：《小邏輯》，商務印書館 1980 年版，第 133 頁。

割裂了「直接知識」與「間接知識」的內在關聯而堅持孤立的「直接知識」。「這種孤立的排他性表明，這種觀點仍然陷於堅持着非此即彼的形而上學的理智觀念裏」，[1] 在思維方式上仍然無法超出知性。一方面，直接斷言思維與存在的直接的、無中介的同一，這僅僅是一個斷言或確信而已，這就退回到了笛卡兒哲學。[2]「只可以當作笛卡兒原則的多餘的重述。」[3] 另一方面，這種絕對的「理智直觀」，它與靈感、內心的啟示、天賦觀念甚至健康的理智、常識、普通意見並無二致。[4] 在黑格爾看來，如果說康德的批判哲學是理性的謙卑，那麼謝林的「理智直觀」就是思想的懶惰和自負，不可能超出有限，達到真理。「持直接知識的人，錯誤地以為他們業已超出了有限的範疇，而實際上尚未達到。」[5]「靈感雖閃爍着這樣的光芒，也還沒有照亮最崇高的穹蒼。真正的思想和科學的洞見，只有通過概念所作的勞動才能獲得。只有概念才能產生知識的普遍性，而產生出來這種知識的普遍性，一方面，既不帶有普通常識所有的那種常見的不確定性和貧乏性，而是形成了的和完滿的知識，另一方面，又不是因天才的懶惰和自負而趨於敗壞的理性天賦所具有的那種不常見的普遍性，而是已經發展到本來形式的真理，這種真理

1　黑格爾：《小邏輯》，商務印書館 1980 年版，第 159 頁。
2　參見黑格爾：《小邏輯》，商務印書館 1980 年版，第 169-170 頁。
3　黑格爾：《小邏輯》，商務印書館 1980 年版，第 159 頁。
4　參見黑格爾：《小邏輯》，商務印書館 1980 年版，第 156 頁。
5　黑格爾：《小邏輯》，商務印書館 1980 年版，第 159 頁。

能够成為一切自覺的理性的財產。」[1]

　　黑格爾認為，「思維與存在的同一」作為絕對，完全可以被理性所把握。它作為「理性的財產」即所謂「思辨的真理」，而「思辨的真理不是別的，只是經過思想的理性法則」，[2] 在這裏，「思辨的真理」也就是「理性真理」。只不過，這裏所指的理性乃是思辨理性或辯證理性。這種辯證理性既超越了作為知性的理性，又超越了神祕的直觀，並把它們揚弃為自身的內在環節。黑格爾還指出，「思辨的真理」對於抽象的理智似乎是神祕的，這並不是對「思辨的真理」的否定，「這只是説，這種真理是超出知性範圍的，但決不是説，理性真理完全非思維所能接近和掌握。」[3] 説理性不能認識理性的真理，理性不能把握無限、絕對等，這是一個「奇怪的結果」。因為真理、無限、絕對等就是理性的東西，説理性不能認識它們，就等於説理性不能認識理性自身，這乃是對理性的不信任。[4] 整個黑格爾哲學的中心任務就是説明真理的這種理性品格，從而形成了一個龐大的理性主義的哲學體系。黑格爾認為，所謂辯證理性也就是自己認識自己、自己展現自己、自己實現自己的理性，黑格爾稱之為「絕對精神」。「絕對精神」達到自我意識就是「絕對理念」。它與謝林的「絕對同一性原則」的不

1　黑格爾：《精神現象學》（上），商務印書館 1979 年版，第 48 頁。
2　黑格爾：《小邏輯》，商務印書館 1980 年版，第 183 頁。
3　黑格爾：《小邏輯》，商務印書館 1980 年版，第 184 頁。
4　參見黑格爾：《邏輯學》（上），商務印書館 1966 年版，第 39 頁。

同在於，「絕對精神」能夠通過一系列環節自我展示並最終達到自我認識和自我實現；而謝林的「絕對同一性原則」只是抽象的自我聯繫、自身等同。

黑格爾哲學所展現的就是「絕對精神」自我展現、自我認識、自我實現的內在的邏輯過程，在黑格爾哲學體系中，自然界、社會歷史和精神意識都是「絕對精神」的體現，理性就是世界的本質。馬克思認為，如果説，謝林的「絕對同一性原則」是費希特的「自我」與斯賓諾莎的「實體」的直接的同一，那麼，黑格爾的「絕對精神」也就是兩者的「矛盾的統一」。[1]

黑格爾的理性觀是辯證理性觀。如果沒有對理性的辯證理解，黑格爾永遠也不可能超越康德對理性的限制，也不可能超越謝林的「理智直觀」。辯證理性觀是近代哲學理性自我批判、自我發展的產物，它的確立徹底解決了「思想的客觀性問題」，為思想的客觀性奠定了統一的、永恆的、一勞永逸的、絕對的基礎，正因如此，黑格爾方可自信地説，其他的具體科學只是應用邏輯，而他的「邏輯學」則是邏輯本身，具體科學離開了他的哲學，就無真理性可言。黑格爾哲學把思想的客觀性的基礎奠定在「絕對精神」之上，確立了辯證理性觀，從而完成了近代哲學的主題，即「思想的客觀性問題」的近代演繹。黑格爾哲學是近代哲學的終結。

1　參見：《馬克思恩格斯全集》第 2 卷，人民出版社 1957 年版，第 177 頁。

二、黑格爾哲學：近代哲學的終結

　　恩格斯在《路德維希·費爾巴哈和德國古典哲學的終結》中指出，「哲學在黑格爾那裏完成了，一方面，因為他在自己的體系中以最宏偉的方式概括了哲學的全部發展；另一方面，因為他（雖然是不自覺地）給我們指出了一條走出這些體系的迷宮而達到真正地切實地認識世界的道路。」[1] 按照恩格斯的提示，黑格爾哲學是近代哲學的終結這一論斷包含着如下兩層意思：

　　其一，黑格爾哲學是近代哲學特別是德國古典哲學的最高成就，它「以最宏偉的形式概括了哲學的全部發展」。正如海德格爾對「終結」一詞的解釋，「終結」並非消極意義上的「中止」，而意味着「完成」。但「完成」亦非「盡善盡美」、「臻至完美之最高境界」。「哲學之終結是這樣一個位置，在那裏，哲學歷史之整體把自身聚集到它的最極端的可能性中去了。作為完成的終結意味着這種聚集。」[2] 按照海德格爾的這種說法，黑格爾哲學把近代哲學的「歷史之整體」聚集在他的哲學體系之中，從而實現了近代哲學的「最極端的可能性」。從我們所討論的哲學主題的角度看，也就是說，黑格爾哲學在近代哲學的範圍內、以近代哲學所可能的最完善或最極端的形式回答了近代哲學的主題，即「思想的客觀性問題」。

1　《馬克思恩格斯選集》第 4 卷，人民出版社 1995 年版，第 220 頁。
2　海德格爾：《面向思的事情》，商務印書館 1999 年版，第 69-70 頁。

　　其二，黑格爾哲學又內含着自身的否定。黑格爾哲學所揭示的思想的辯證法表明，任何思想體系都不可能窮盡真理，終止思想的歷史發展。在人類思想發展的歷史長河中，任何思想體系都將化為人類思想發展的一個環節。黑格爾哲學以最完善的形式回答了近代哲學的主題，達到了「絕對真理」。但是正像黑格爾之前的所有以絕對真理自居的哲學都沒有避免被否定和超越一樣，黑格爾哲學也必將被否定和超越。當然，這種否定和超越並非完全否定或拋弃，而是把先前的哲學作為一個環節揚弃地包含在自身之中，正如黑格爾所説，「那最新的哲學就是所有各先行原則的結果，所以沒有任何哲學是完全被推翻了的。那被推翻了的並不是這個哲學的原則，而只不過是這個原則的絕對性、究竟至上性」。[1] 因此，我們説黑格爾哲學以最完美的形式回答了近代哲學的主題，並不意味着思想的停滯或哲學的終結，而僅僅意味着思想的進一步發展必將跳出近代哲學的範圍，必將是一個質的飛躍或革命性的變革。因此，黑格爾哲學乃至整個近代哲學將必然被超越。如何超越作為近代哲學的集大成的黑格爾哲學，從而實現哲學的革命性變革？這是黑格爾哲學向後來的哲學所提出的一個迫切而艱難的問題。同時，黑格爾哲學又蘊含着這個問題的答案，給我們指出了走出迷宮的道路，雖然是不自覺地。從我們所討論的哲學主題的角度看，黑格爾哲學已經觸及到新的哲學主題，只不過，這個新的哲學主題却被消融於黑格爾

1　黑格爾：《哲學史講錄》第 1 卷，商務印書館 1959 年版，第 40 頁。

關於舊的哲學主題的龐雜哲學體系之中了。

黑格爾哲學常被後人指責為「理性主義」、「邏輯的惡夢」、「理性的放蕩」，黑格爾則是「理性」的「祕書」。[1] 無論人們是從什麼立場或角度指責黑格爾的，把黑格爾哲學指認為「理性主義」，可以說是正中要害。

然而，僅僅指責和批判其理性主義是遠遠不夠的。「僅僅把黑格爾哲學看成是『理性的放蕩』，就忽略了造成這種『放蕩』的根源，也就忽略了黑格爾面對的巨大的理論困難，以及他解決這個理論困難的重大意義。」[2] 正如恩格斯所指出的，「像對民族精神的發展有過如此巨大影響的黑格爾哲學這樣的偉大創作……必須從它的本來意義上『揚弃』它。」[3] 而要想從它的本來意義上揚弃黑格爾哲學，必須首先理解黑格爾哲學。沒有理解就根本談不上揚弃或超越。

從近代哲學的總體來說，黑格爾哲學的主題也就是近代哲學的主題，即「思想的客觀性問題」。我們認為，正是這個哲學主題決定了黑格爾哲學甚至整個近代哲學必然是理性主義的。「思想的客觀性問題」作為近代哲學的主題，其核心內容就是如何確立思想的客觀性的基礎，或如何證明思想的客觀有效性。一方面，這種證明

1　參見阿金：《思想體系的時代》，光明日報出版社 1989 年版，第 69、64 頁。

2　孫正聿：《現代教養》，吉林教育出版社 1996 年版，第 157 頁。

3　《馬克思恩格斯選集》第 4 卷，人民出版社 1995 年版，第 223 頁。

方式只能是理性的，否則就談不上證明了；另一方面，思想的客觀性的基礎也只能是理性的，即是可理解的，否則，就不能作為思想的客觀性的基礎。因此，正如上文分析所顯示的，近代哲學對「思想的客觀性問題」的探討，是與理性的自我批判、理性觀的發展密切相聯的。因此，問題的提問方式就決定了問題的解答方式，近代哲學的主題本身就決定了其理性主義的品格。上文中我們也曾指出，近代哲學對「思想的客觀性問題」的回答就是理性，雖然不同學派、不同哲學家對理性的理解存在很大的差異。

就黑格爾哲學的最直接的思想背景而言，它所面臨的問題是，如何使謝林的「絕對同一性原則」成為可理解的，使之成為「理性的財產」。謝林認識到，思想的客觀性的基礎既不能是主體或思維，也不能是客體或存在，而只能是兩者的「絕對的同一性」，只有這種「絕對的同一性」才是思想的客觀性的絕對基礎，因為，思想本身就是思維與存在的同一。然而謝林認為，這種「絕對同一性原則」是知性概念所無法把握的，對它的把握只能訴諸於「理智直觀」。黑格爾則認為，如果作為思想的客觀性的基礎的「絕對的同一性原則」，只能是「理智直觀」的對象，那麼，就等於把思想的客觀性建立在不確定的基礎上，因為，「理智直觀」畢竟只是少數藝術家或天才的專利。要保證思想的客觀性，就必須超越謝林的直觀主義的傾向，同時又不能陷入康德所揭示的理性的內在矛盾，更不能退回到前康德哲學的知性思維。這是謝林哲學所蘊含的一個重大的理論難題。黑格爾的辯證理性觀，正是迎接謝林哲學的這一思

想挑戰而形成的。

　　從哲學的近代演繹的角度看，黑格爾哲學是近代哲學的頂峰，黑格爾的辯證理性觀是近代理性觀發展的必然結果和最高成就。「思想的客觀性問題」，作為近代哲學的主題，在黑格爾的「絕對精神」的辯證法中得到了最好的解答。思想作為思維與存在的同一，其客觀性就在於它是思維與存在的同一。換句話說，思想的客觀性就在思想自身，思想之所以為思想，就在於它具有客觀性，沒有客觀性則稱不上思想，而只能算作意見。近代哲學所追問的僅僅是如何證明思想的客觀性，或者說，思想的客觀性的基礎或根據是什麼。這正是康德所謂的「知識何以可能」的問題，也是恩格斯所說的反思「理論思維的前提」的「思維與存在的關係問題」。

　　在黑格爾之前，近代哲學總是在思想之外，即在思維與存在的同一之外尋找思想的客觀性的根據。笛卡兒把它歸結為心靈主體即「我思」的自明性；洛克把它歸結為對象、客體的實在性；康德一方面承認思想的客觀性的基礎在於先驗主體，另一方面又設定與先驗主體對立的「物自體」作為感性的來源，從而陷入二元論和不可知論；謝林認識到思想的客觀性的根據在於思維與存在的同一性，但謝林並沒有說明這種同一性，而問題的關鍵就在於如何說明思維與存在的同一性。黑格爾則在思想自身之中尋找其客觀性的根據：思想的客觀性的基礎就是思想自身，就是思想自身建構自身的內在邏輯，即思維與存在達成同一的辯證邏輯。眾所周知，黑格爾所理解的思想不是僵固的，而是能動的。黑格爾認為，「哲學的職責在

於努力證明，亦即揭示這種思維與存在的統一。」[1] 而只要揭示出這個能動的思想的內在邏輯，自然也就說明了思維與存在的同一，說明了思想的客觀性。這種思想的內在邏輯也就是黑格爾的辯證法。辯證法在其直接形態上就是人類思想自己構成自己的辯證運動的邏輯，即列寧所謂的「思維和認識『自己構成自己的道路』」[2] 因此，黑格爾以思想自身的辯證法來回答「思想的客觀性問題」，既堅持了近代以來一以貫之的理性主義傳統，從思想自身說明思想的客觀性，又超越了知性形而上學和直觀神祕主義。這一思路是近代哲學發展的必然結果，也是最為合理的思路。黑格爾的「邏輯學」作為對思想的辯證邏輯的揭示，作為思維科學當然有着許多不足之處，他本人也承認他的工作僅僅是一個龐大計劃的開始，對思想的內在邏輯（辯證法）的研究還有更艱苦的工作要做。然而，這絲毫不影響黑格爾的這一思路是解決「思想的客觀性問題」的最合理的思路。當然，這僅僅是在近代哲學及其主題的範圍內而言的，如果跳出近代哲學及其主題的範圍來考察黑格爾哲學對「思想的客觀性問題」的解決，就會發現黑格爾哲學的兩個前提：

首先，黑格爾所要論證的結論，即思想的客觀性或思維與存在同一，已經作為假定包含在前提中了。[3]「邏輯學」的出發點就是思

1　黑格爾：《小邏輯》，商務印書館 1980 年版，第 157 頁。

2　列寧：《哲學筆記》，人民出版社 1956 年版，第 84 頁。

3　參見：《馬克思恩格斯選集》第 4 卷，人民出版社 1995 年版，第 225 頁。

維與存在的同一。「純存在或純有之所以當成邏輯學的開端，是因為純有即純思。」[1] 然而，僅僅在思想自身的範圍內，是無法證明思想的客觀性或思維與存在的同一的。正如馬克思所指出的，「人應該在實踐中證明自己思維的真理性，即自己思維的現實性和力量，自己思維的此岸性。」[2] 因此，與其說「邏輯學」證明了思維與存在的同一，不如說僅僅展示了思維與存在的同一。思維與存在的同一對於黑格爾是無法證明的。

其次，思維與存在的同一所表達的，僅僅是黑格爾對理性的信念。黑格爾批評康德保留了不可知的「物自體」，乃是理性的謙卑，是對理性的不信任，[3] 黑格爾認為，既然思想或概念就是事物的本質，那麼思想或理性當然能把握事物。黑格爾指出，「認為思維的形式是最高的形式，認為思維的形式可以把握絕對真理的本來面目，是一般哲學通有的信念」，[4] 是「人類的自然信念」[5]「理性出現在世界上，具有絕對信心去建立主觀性和客觀世界的同一，並能够提高這種確信使成為真理。」[6] 黑格爾所做的工作就是「提高這種確信使成為真理」，他以這種「確信」為前提並強化了這種「確信」。

---

1 黑格爾：《小邏輯》，商務印書館 1980 年版，第 189 頁。

2 《馬克思恩格斯選集》第 1 卷，人民出版社 1995 年版，第 55 頁。

3 參見黑格爾：《精神現象學》（上），商務印書館 1979 年版，第 52-53 頁。

4 黑格爾：《小邏輯》，商務印書館 1980 年版，第 87 頁。

5 黑格爾：《小邏輯》，商務印書館 1980 年版，第 77 頁。

6 黑格爾：《小邏輯》，商務印書館 1980 年版，第 410 頁。

他要求人們「信任科學，相信理性，信任自己並相信自己。」[1] 這種理性信念，推動了黑格爾去揭示思想的內在辯證法，同時又把黑格爾嚴格地束縛在理性原則的範圍之內。

黑格爾哲學的這兩個前提表明，黑格爾哲學及其對理性的信念，不過是整個近代社會作為「理性的時代」在哲學上的系統的、抽象的表徵。因此，決不能僅僅從其理論表面攻擊黑格爾哲學的「理性主義」，而應當從其理論背景和時代背景加以理解，也只有在這種理解的基礎上，才能真正批判性地克服和超越黑格爾哲學。

黑格爾哲學作為人類思想發展史的一個環節，它不可能窮盡絕對真理，人類的思想與哲學必然要發展下去。而且正如黑格爾哲學自身所揭示的思想辯證法所表明的，任何思想規定總包含着自身的否定性因素。黑格爾哲學的否定性，同樣也就蘊涵在黑格爾哲學自身之中。從哲學主題轉換的角度看，黑格爾哲學中已經蘊涵着新的哲學主題。這個新的哲學主題，就是社會歷史的運動發展以及人的存在的合理性問題。在黑格爾的哲學體系中，這是其「歷史哲學」與「法哲學」的內容。當然，這個新的哲學主題却被消解和窒息在舊的哲學主題及其所構建的思想框架中了，窒息在黑格爾的理性邏輯或理性信念之中了。

首先，在「歷史哲學」中，黑格爾把社會歷史的發展納入哲學思考的範圍，力圖揭示其內在規律。恩格斯認為，黑格爾哲學的

1　黑格爾：《小邏輯》，商務印書館 1980 年版，第 35 頁。

思維方式「有巨大的歷史感作基礎」，並稱黑格爾是「第一個想證明歷史中有一種發展、有一種內在聯繫的人。」[1] 黑格爾在他的哲學中，「把整個自然的、歷史的和精神的世界想像為一個過程，即想像它是處在不斷的運動、變化、改造和發展中的。」[2] 然而，黑格爾又認為，無論是自然界，還是社會歷史發展，都是「絕對精神」的外化或客觀化；無論是自然界發展進化的規律，還是社會歷史的發展規律，都是「絕對精神」自己實現自己、自己認識自己的內在邏輯的外在體現；無論是歷史人物還是普通群眾，都是「絕對精神」實現自己的工具。而且黑格爾認為，「絕對精神」在普魯士王國中得到了實現，又在自己的思辨哲學中達到了自我認識。這樣，歷史的發展在普魯士王國中終結了，思想的發展在黑格爾哲學的絕對真理的體系中終結了。社會歷史的發展和思想的發展一樣，都是一個目的論的理性過程。所以，在黑格爾的「歷史哲學」中，實際上並沒有社會歷史的獨立發展。歷史發展的動因和目的都是「絕對精神」。不是人創造了歷史，而是歷史本身作為「絕對精神」的外化，按其內在邏輯自行演化着。正是針對這一點，恩格斯指出，「歷史什麼事情也沒有做……創造這一切、擁有這一切並為這一切而鬥爭的，不是『歷史』，而正是人，現實的、活生生的人。『歷史』並不是把人當做達到自己目的的工具來利用的某種特殊的人格。歷史

1　《馬克思恩格斯選集》第 2 卷，人民出版社 1995 年版，第 42 頁。

2　《馬克思恩格斯全集》第 19 卷，人民出版社 1963 年版，第 223 頁。

不過是追求着自己目的的人的活動而已。」[1]因此，對黑格爾來説，歷史的發展僅僅是「絕對精神」的發展的驗證。[2]社會歷史的發展被消融在思想的邏輯之中了。

　　其次，在「法哲學」中，黑格爾還詳細考察了個人對家庭、市民社會和國家的關係，考察了人的現實的存在狀況。黑格爾認為，市民社會是各個成員作為獨立的單個人的聯合，因而也是在形式的普遍性中的聯合。這種聯合是通過成員的需要，通過保障人身和財產的法律制度以及維護他們的特殊利益和公共利益的外部秩序而建立起來的。市民社會是對作為「直接的或自然的倫理精神」的家庭的揚弃，又必然被作為「倫理精神的最終實現」的國家所揚弃。黑格爾揭示出市民社會的兩個原則：一是個人只從自己的局部利益出發；二是個人之間自發地形成社會聯繫。[3]「在市民社會中，每個人都以自身為目的，其他一切在他看來都是虛無。但是如果他不同別人發生關係，他就不能達到他的全部目的，因此，其他人便成為特殊的人達到目的的手段。但是特殊目的通過同其他人的關係就取得了普遍性的形式，並且在滿足他人福利的同時，滿足自己。」「他要達到這個目的，就只能按普遍方式來規定他們的知識、意志和活動，並使自己成為社會聯繫的鎖鏈中的一個環節。」[4]黑格爾認為，

1　《馬克思恩格斯全集》第 2 卷，人民出版社 1957 年版，第 118-119 頁。

2　參見：《馬克思恩格斯選集》第 2 卷，人民出版社 1995 年版，第 42 頁。

3　參見張一兵：《回到馬克思》，江蘇人民出版社 1999 年版，第 83 頁。

4　黑格爾：《法哲學原理》，商務印書館 1961 年版，第 197、201 頁。

在市民社會中，個人和生產（作為個人的活動）都要「無條件地服
從於社會聯繫」，因此，個人的自由只是表面的，社會關係對他來
說還是一種外在的限制和束縛。而只有在國家中才能實現人作為自
由主體的自由，因為，「自在自為的國家就是倫理性的整體，是自
由的現實化。」[1] 在國家中，個人作為個體理性與國家作為絕對理性
的實現達到了現實的融合。在「法哲學」中，黑格爾的深刻之處在
於，他深刻地認識到，市民社會中社會關係對於人的异在性，或人
在社會關係中的异化，即「個人受抽象統治」。因此馬克思認為，
黑格爾哲學以最為抽象的形式表達了人類社會的最現實的內容。當
然，家庭、市民社會、國家等，在黑格爾看來，都是「絕對精神」
實現自己的不同環節。人的現實存在狀況同樣籠罩在思想的邏輯
之中。

　　由此可見，雖然黑格爾把歷史發展、社會存在納入自己的哲學
範圍，接觸到了現實的人類存在的問題，但是，這個問題却被消解
在黑格爾的理性主義的思辨體系之中。無論是在「歷史哲學」中，
還是在「法哲學」中，黑格爾所強調的都是「絕對精神」及其運動、
實現。個人只是「絕對精神」實現自己的工具，只有融入「絕對精
神」之中，即融入歷史、國家之中才有可能存在，才能實現其自由
的本性。雖然這裏也透顯出從現實的社會歷史層面來理解人的存在
的思想，但黑格爾却把真正的關係顛倒了：不是家庭、市民社會、

1　黑格爾：《法哲學原理》，商務印書館 1961 年版，第 258 頁。

國家、歷史等適應人，而是人必須適應作為「絕對精神」的客觀化的家庭、市民社會、國家、歷史等。理念變成了獨立的主體。

正如馬克思所指出的，在黑格爾「法哲學」中，「變成主體的是：抽象的現實性、必然性（或實體性的差別）、實體性，因而是些抽象的邏輯範疇。」[1]「神祕的實體成了現實的主體，而實在的主體則成了某種其他的東西，成了神祕的實體的一個環節。」[2] 因此，在黑格爾的思辨哲學體系中，似乎現實問題必須轉化為思想的問題才能被討論。

由此可見，黑格爾的「法哲學」、「歷史哲學」，都根源於黑格爾的「邏輯學」。正如馬克思在《黑格爾法哲學批判》中一針見血地指出的，黑格爾的「整個法哲學只不過是對邏輯學的補充。十分明顯，這一補充只是對概念本身發展的（某種附加的東西）。」[3] 因此，「在這裏，注意的中心不是法哲學，而是邏輯學。在這裏，哲學的工作不是使思維體現在政治規定中，而是使現存的政治規定化為烏有，變成抽象的思想。在這裏具有哲學意義的不是事物本身的邏輯，而是邏輯本身的事物。不是用邏輯來論證國家，而用國家來論證邏輯。」[4] 同樣，黑格爾的「歷史哲學」也只不過是「邏輯學」的補充。不僅如此，在黑格爾看來，所有「自然哲學」、「精神哲

1　《馬克思恩格斯全集》第 1 卷，人民出版社 1956 年版，第 262 頁。
2　《馬克思恩格斯全集》第 1 卷，人民出版社 1956 年版，第 273 頁。
3　《馬克思恩格斯全集》第 1 卷，人民出版社 1956 年版，第 264 頁。
4　《馬克思恩格斯全集》第 1 卷，人民出版社 1956 年版，第 263 頁。

學」都只是「應用的邏輯學」。[1]因此，我們必須到黑格爾的「邏輯學」中，尋找這個新的哲學主題被窒息的根源。

我們已經知道，黑格爾的「邏輯學」所揭示的是人類思想辯證運動的邏輯，即辯證法。辯證法作為人類思想運動的邏輯，所展現的是人類思維把握事物、把握整個世界（包括自然、社會、歷史與思維自身）的內在邏輯。而在黑格爾看來，世界或事物的本質就是思想，思維的規律同時也就是存在的規律，正如恩格斯所說，「這個哲學（即黑格爾哲學——引者注）在許多場合下和極不相同的領域中，證明了思維過程同自然過程和歷史過程的類似之處以及反過來的情形，並且證明同一些規律對所有這些過程都是適用的。」[2]因而，辯證法作為思維規律同時也成為自然以及社會歷史的規律，這實際上就取消了客觀世界自身的規律。所以，在黑格爾的哲學體系中，雖然有自然界的運動和變化，有社會歷史的前進和發展，也有思想發展和演進（即哲學的發展史），但是，這些運動、變化和發展以及它們的規律，歸根到底都是空話。「他（黑格爾——引者注）所思考的所有對象都被他的『思考』所消化。」[3]正如費爾巴哈所指責的，黑格爾的「邏輯學」包含着人和自然的本質，「但沒有人也沒有自然」，[4]它們都只不過是「絕對精神」按照其固有的辯證

1　黑格爾：《小邏輯》，商務印書館 1980 年版，第 83 頁。

2　《馬克思恩格斯選集》第 4 卷，人民出版社 1995 年版，第 364-365 頁。

3　阿爾都塞：《保衛馬克思》，商務印書館 1984 年版，第 56 頁。

4　費爾巴哈：《費爾巴哈哲學著作選集》(上)，三聯出版社 1959 年版，第 111 頁。

規律表現自己、實現自己的不同環節；真正運動、發展的只有「絕對精神」。換句話説，所有的運動、發展只不過是對思想的辯證法的體現和驗證。「思想發展却總是與世界歷史的發展平行着，而後者按他的本意只是前者的驗證，真正的關係因此顛倒了，頭腳倒置了。」[1]。因此，黑格爾的辯證法思想雖然承認事物運動、變化、發展，承認世界的改變，甚至可以稱黑格爾哲學為「變化的哲學」，[2]但黑格爾所關心的，並不是事物運動、變化、發展的內在規律，而只是如何理解運動、變化、發展。黑格爾説，「理解運動，即是在概念的形式內表達它的本質。」[3]在這個意義上，辯證法就是表達運動的概念邏輯。

　　「邏輯學」是黑格爾哲學的核心。「邏輯學」制約着黑格爾對所有問題的研究。可以説，黑格爾在「邏輯學」中對「思想的客觀性問題」的解決是很完滿的，也是很好理解的。但是，當黑格爾一方面把「絕對精神」神祕化，另一方面又以神祕化了的「絕對精神」去説明自然、社會歷史以及精神的發展時，就令人費解了。因此，馬克思指出，「黑格爾陷入幻覺」，因為「由抽象上升到具體的方法，只是思維用來掌握具體並把它當作一個精神上的具體再現出來的方式」，黑格爾却把它同時看作是「具體本身產生的過程」，「把

1　《馬克思恩格斯選集》第 2 卷，人民出版社 1995 年版，第 42 頁。

2　阿金：《思想體系的時代》，光明日報出版社 1989 年版，第 66 頁。

3　黑格爾：《哲學史講演錄》第 1 卷，商務印書館 1959 年版，第 286 頁；參見列寧：《哲學筆記》，人民出版社 1956 年版，第 283 頁。

實在理解為自我綜合、自我深化和自我運動的思維的結果。」**1**

　　因此，黑格爾哲學的內在矛盾，可以歸結為新舊哲學主題之間的矛盾。黑格爾哲學的核心問題是「思想的客觀性問題」，也即「解釋世界」的問題，一旦他超出這個主題的範圍，觸及到現實世界及其發展這個新問題時，他就無所適從，除了把「絕對精神」客觀化、絕對化、神祕化，並以思想的邏輯剪裁現實的發展以外，別無他途。這不僅導致他的理性主義的泛濫，而且使其思想失去了原有的創造性、批判性，甚至拖着庸人的辮子，為普魯士王國唱起了讚歌。

　　雖然新的哲學主題被舊的哲學主題及其所形成的思想框架消解、窒息了，但是，黑格爾畢竟觸及到了這個新問題。正如恩格斯所説，雖然「真正的關係因此顛倒了，頭腳倒置了，可是實在的內容却到處滲透到哲學中。」因此，恩格斯毫不遲疑地宣稱，黑格爾的「這個劃時代的歷史觀是新的唯物主義觀點的直接的理論前提。」**2** 超越黑格爾哲學，並把這個新的哲學主題從黑格爾哲學體系中剝離出來、使之明確起來，進而實現哲學主題的根本轉換，實現整個哲學的現代革命，這是馬克思哲學的巨大功績。

1　《馬克思恩格斯全集》第 46 卷（上），人民出版社 1979 年版，第 38 頁。

2　《馬克思恩格斯選集》第 2 卷，人民出版社 1995 年版，第 42 頁。

第二章

馬克思哲學實現哲學主題
轉換的理論歷程

　　馬克思哲學實現哲學主題轉換的理論歷程，就是馬克思超越黑格爾進而超越整個近代哲學，使被黑格爾哲學所消解和窒息的新的哲學主題真正確立起來的過程，這一過程與青年馬克思的思想演進是密不可分的，但又不是完全等同的。這是因為，青年馬克思的思想演進，即「馬克思的道路」問題，首先是一個極其複雜的過程，正如阿爾都塞（Louis Pierre Althusser）所說，它是幾個方面的綜合：「我們看到青年馬克思既改變了思考對象（大體上說，他從法律轉到國家，又從國家轉到政治經濟學），又改變了哲學立場（他從黑格爾轉到費爾巴哈，並轉到革命唯物主義）和政治立場（從資產階級的激進自由主義轉到小資產階級人道主義，再轉到共產主義）。這些變化是逐級上升的，又是相互緊密聯繫的。」[1]其次，對這個問題的研究又是一個更為複雜的任務，因為對於「馬克思的道路」的研究，除了學術的興趣之外，更大的是政治興趣。「關於馬克思青年時期著作的辯論，首先是一場政治辯論。」[2]這場辯論一開始就被意識形態的迷霧所籠罩着，

1　阿爾都塞：《保衛馬克思》，商務印書館 1984 年版，第 265 頁。
2　阿爾都塞：《保衛馬克思》，商務印書館 1984 年版，第 31 頁。

以至掩蓋、歪曲了青年馬克思的真實的思想歷程。[1]正因如此，20 世紀 80 年代以來，有些西方學者提出要以嚴格的「經驗現象學」（empirical phenomenology）方式，來考察青年馬克思的思想演進。[2]然而，這仍然難以跳出意識形態的束縛。而哲學主題的轉換，僅僅是青年馬克思思想演進或「馬克思的道路」的一個方面，當然是一個很重要的方面。

因此，我們不想也不可能全面地再現青年馬克思思想成長的歷程，而僅僅從哲學主題轉換的角度來考察青年馬克思的思想演進。從這個角度看，青年馬克思的思想演進就顯現為一個逐漸脫離和超越近代哲學（主要是黑格爾哲學）的主題、逐漸明確和確立新的哲學主題的過程。在第一章中，我們已經指出，黑格爾哲學作為近代哲學的終結，已經觸及到了新的哲學主題，雖然新的哲學主題被消解和窒息了。因此，舊的哲學主題的脫離和超越以及新的哲學主題的明確和確立的過程，也就可以理解為逐漸實現對於黑格爾哲學的批判性繼承與革命性超越的過程。

下面，我們就從「新的哲學旨趣的明確」、「新的哲學視野的開拓」、「新的哲學基點的奠定」和「新的哲學主題的確立」四個

1　阿爾都塞認為，從意識形態出發對青年馬克思的解讀，是以三個理論前提為基礎的：一是分析性前提，二是目的性前提，三是前兩者的基礎即觀念性前提。阿爾都塞稱這種解讀方法為「分析目的論的方法」。參見阿爾都塞：《保衛馬克思》，商務印書館 1984 年版，第 36、42 頁。

2　Harold Mah, *The End of philosophy, the Origin of「Ideology」*, University of California press Berkeley, Los Angeles London, 1987, p149.

方面，來分別考察馬克思實現哲學主題轉換的理論歷程。

第一節　明確新的哲學旨趣：「人類解放」

　　雖然直到 19 世紀 40 年代中期，馬克思哲學才最終建立起來，[1]但是，在 1844 年 2 月《德法年鑒》上發表的兩篇論文，即《論猶太人問題》和《〈黑格爾法哲學批判〉導言》中，馬克思哲學的新的哲學旨趣就已經被明確表達出來了。這個新的哲學旨趣就是「人類解放」。而且這一解放的旨趣貫穿馬克思一生的思想和實踐。

　　「人類解放」或「自由」[2]作為法國啟蒙的理想以及法國大革命的核心精神，深深地鼓舞着當時的德國知識界，也曾深深地鼓舞着青年馬克思。但是，無論是青年黑格爾派，還是康德、謝林、黑格爾等古典哲學家，都把「人類解放」或「自由」僅僅作為政治理想或政治信念，而且他們總是從抽象的理性出發去論證自由、解放的合理性、必要性，正如馬爾庫塞（Herbert Marcuse）所指出的那樣，「黑格爾認為哲學思維只是以自身為先決條件，歷史涉及理性」[3]他

1　國內外學界普遍以《關於費爾巴哈的提綱》（1845 年春）和《德意志意識形態》　（1845-1846 年）為馬克思哲學成熟的標誌。參見黃楠森等主編：《馬克思主義哲學史》第 1 卷，北京出版社 1991 年版，「編者的話」。

2　「自由」和「解放」在西方語言裏是相通的。參見楊適：《人的解放：重讀馬克思》，四川人民出版社 1996 年版，第 48-49 頁。

3　馬爾庫塞：《理性和革命》重慶出版社，1993 年版，第 4 頁。

們所理解的自由、解放，不是人的現實的自由和解放，而僅僅是思想意識領域中的理性自由和理性解放。而馬克思不僅把自由或解放作為政治理想或政治信念，而且更把它看作是哲學的根本旨趣，並最終跳出了純粹的思想意識領域，把自由和解放理解為人的現實的自由和解放。這也就決定了馬克思哲學與德國古典哲學，尤其是與青年黑格爾派在思想旨趣上的根本不同。

早在中學畢業時，馬克思就已經立下了為「人類的福利而勞動」的崇高的志願。[1] 當然，對於一個中學生而言，這個志願是很朦朧的，但是這卻是馬克思一生的寫照。大學時期的他，在經歷了漫長的思想歷程和痛苦的思想抉擇之後，轉向了黑格爾哲學並接觸到青年黑格爾派的「博士俱樂部」。在大學時期，馬克思曾一度醉心於詩歌，也曾專修法律，這是他的作為律師的父親亨利希·馬克思所期望的。然而，馬克思所感興趣的卻是法哲學，他曾企圖建構一個宏偉的法哲學體系，「試圖使某種法哲學體系貫穿整個法的領域。」[2] 這個計劃的失敗使青年馬克思認識到哲學的重要性，他坦誠地說，「沒有哲學我就不能前進」，最終還是不得不轉向哲學，轉向黑格爾哲學，使他同自己一直想避開的「現代世界哲學」的聯繫越來越緊密了。正當他為不得不把自己「所憎惡的觀點變成自己的偶

1　參見：《馬克思恩格斯全集》第 40 卷，人民出版社 1982 年版，第 7 頁。

2　《馬克思恩格斯全集》第 40 卷，人民出版社 1982 年版，第 10 頁。

像而感到苦惱」的時候，他接觸到青年黑格爾派的「博士俱樂部」。[1]
其中，「博士俱樂部」和青年黑格爾派的核心人物、神學博士布魯
諾‧鮑威爾對青年馬克思的思想影響是最大的。

通過布魯諾‧鮑威爾的「自我意識」的觀念，青年馬克思的思
想旨趣第一次獲得了其哲學的表達方式。這就是馬克思的博士論文
《德謨克利特的自然哲學和伊壁鳩魯的自然哲學的差別》。在博士論
文的序言中，馬克思第一次以哲學的名義，宣告了其「人類解放」
或「自由」的思想旨趣：「哲學，只要它還有一滴血在它那個要征
服世界的、絕對自由的心臟裏跳動着，它就將永遠用伊壁鳩魯的話
向它的反對者宣稱：『瀆神的並不是那拋棄眾人所崇拜的眾神的人，
而是同意眾人關於眾神的意見的人。』哲學並不隱瞞這一點。普羅
米修斯承認道：老實說，我痛恨所有的神。這是哲學的自白，它自
己的格言，藉以表示它反對一切天上和地上的神，這些神不承認人
的自我意識具有最高的神性。不應該有任何神同人的自我意識相並
列。」[2] 馬克思把「自我意識」以及以此為基礎的自由、解放作為自
己哲學的最高原則。這很顯然是受布魯諾‧鮑威爾影響的結果。

雖然布魯諾‧鮑威爾的「自我意識」具有很強的費希特哲學的
傾向，但是，很顯然它是從黑格爾哲學中來的，是黑格爾哲學的片
面化的延伸。馬克思在《神聖家族》中指出：「在黑格爾的體系中

1　參見：《馬克思恩格斯全集》第 40 卷，人民出版社 1982 年版，第 16 頁。
2　《馬克思恩格斯全集》第 40 卷，人民出版社 1982 年版，第 189-190 頁。

有三個因素：斯賓諾莎的實體，費希特的自我意識，以及前兩個因素在黑格爾那裏的必然的矛盾的統一，即絕對精神。」而「施特勞斯和鮑威爾關於實體和自我意識的爭論是在黑格爾的思辨範圍之內的爭論」，他們兩人分別以斯賓諾莎主義和費希特主義為出發點，從而使黑格爾哲學中的兩個因素「獲得了片面的、因而是徹底的發展。」因此，「他們之中無論哪一個都只是代表了黑格爾體系的一個方面。」[1]布魯諾·鮑威爾片面地發展了黑格爾哲學中的「費希特主義」的方面，以「自我意識」為出發點來理解和批判基督教。黑格爾認為，意識經過一系列的中介，而最終達到對其在思維總體中的地位的認識，即達到意識的對象不過是意識自身的外化、實體自身也即主體的自我意識。布魯諾·鮑威爾關於「自我意識」的觀念，是以黑格爾關於「實體即主體」的思想為依據的。正如馬克思後來在《神聖家族》中所指出的，「黑格爾對實體性的觀點的批判繼續說道：『實體的閉塞性必須消滅，而且實體必須提升為自我意識。』同樣，鮑威爾的自我意識也是提升為自我意識的實體，或作為實體的自我意識。」[2]但在布魯諾·鮑威爾看來，黑格爾的「實體即主體」的思想，並沒有使費希特的自我和斯賓諾莎的實體得到調解，歷史或世界的真正基礎或動力乃是人的「自我意識」。

　　布魯諾·鮑威爾關於「自我意識」的思想，無疑給苦惱中的馬

1　《馬克思恩格斯全集》第 2 卷，人民出版社 1957 年版，第 176-177 頁。
2　《馬克思恩格斯全集》第 2 卷，人民出版社 1957 年版，第 175 頁。

克思以極大的思想慰藉，使他在有着「離奇古怪的調子」的黑格爾
哲學中發現了思想的興奮點。布魯諾‧鮑威爾把人的「自我意識」
提高到哲學的最高原則的地位，並以絕對的「批判」表示對一切現
存東西的不滿，鮮明地表達了德國資產階級在封建專制的壓制中，
對現狀的不滿和對自由的嚮往，當然這種自由只是停留在意識中，
僅僅是一種臆想中的自由，而不是現實中的自由。青年馬克思給予
布魯諾‧鮑威爾以很高的尊敬和友誼，後者也非常欣賞年輕氣盛、
才華橫溢的青年馬克思。馬克思通過布魯諾‧鮑威爾接觸到了黑格
爾哲學，找到了得以表達其思想旨趣的哲學語言。

　　在布魯諾‧鮑威爾的影響下，青年馬克思開始關注並研究亞里
士多德之後的希臘哲學，也就是黑格爾在《精神現象學》中歸結為
「自我意識」的那個思想發展階段。馬克思曾打算寫一篇「綜述伊
壁鳩魯、斯多葛派和懷疑派哲學的著作」，後來的「博士論文」僅
僅是這個計劃的一部分。由此可見，「馬克思博士論文的題目是鮑
威爾授意的，這一點似無問題。（引文略有改動——引者注）」[1]

　　在博士論文中，青年馬克思以「自我意識」原則為指導，特別
闡述了伊壁鳩魯的原子偏斜學說的意義。馬克思認為，「盧克萊修
很正確地斷言，偏斜運動打破了『命運的束縛』，並且正如他立即
把這個思想運用於意識方面那樣，關於原子也可以這樣說，偏斜運

1　戴維‧麥克萊倫：《青年黑格爾派與馬克思》，商務印書館 1982 年版，第 73 頁；
　　又參見茲維‧羅森：《布魯諾‧鮑威爾和卡爾‧馬克思》，中國人民大學出版社
　　1984 年版，第 177 頁。

動正是它胸中能夠進行鬥爭和對抗的某種東西。」[1]「這就是説，原子偏離直線並不是特殊的、偶然出現在伊壁鳩魯物理學中的規定。相反，偏斜所表現的規律貫穿於整個伊壁鳩魯哲學，因此，不言而喻，這一規律出現時的規定性，取決於它被應用的範圍。」[2]在這裏，馬克思所説的原子偏斜學説的「被應用的範圍」，所指的正是人的自由意志，它使人有可能打破必然性，掙脱命運的束縛，同一切束縛人的自由的力量進行鬥爭。馬克思引用伊壁鳩魯派的韋萊的話説，「伊壁鳩魯把我們拯救了出來，並使我們獲得了自由。」[3]

　　然而，馬克思並不是毫無保留地接受布魯諾・鮑威爾的「自我意識」。首先，在馬克思看來，布魯諾・鮑威爾的「自我意識」是抽象的、神祕的「自我意識」。「這種自我意識的本質不是人，而是理念，因為理念的現實存在就是自我意識。自我意識是人化了的理念，因而它是無限的。人的一切屬性就這樣神祕地變成了想像的『無限的自我意識』的屬性。」[4]人被消融在這種「無限的自我意識」之中，而且由於「自我意識」是無限的，因而它永遠無法超出自身的範圍。雖然布魯諾・鮑威爾也非常強調「實踐」、「行動」，強調

1　《馬克思恩格斯全集》第 40 卷，人民出版社 1982 年版，第 213 頁。
2　《馬克思恩格斯全集》第 40 卷，人民出版社 1982 年版，第 214 頁。
3　《馬克思恩格斯全集》第 40 卷，人民出版社 1982 年版，第 204、205 頁。
4　《馬克思恩格斯全集》第 2 卷，人民出版社 1957 年版，第 176 頁。

「理論的原則必須直接變成實踐的行動」，[1]但是，這裏的「實踐」、「行動」只不過是「批判」，而且是「純粹的批判」，布魯諾‧鮑威爾沒有超出抽象的自我意識一步。而馬克思所尋求的，則是內在於個體之中的真實的「自我意識」。這種「自我意識」不同於布魯諾‧鮑威爾的抽象的、神祕的「自我意識」，用馬克思後來的準確説法就是「個人的自主活動」、「每個人的自由發展」。

因此，馬克思強調「哲學的世界化」，強調「自我意識」必須變成實踐的力量與現實世界發生關係。「哲學已經不再是為了認識而注視着外部世界；它作為一個登上了舞臺的人物，可以説與世界的陰謀發生了瓜葛。」[2]「一個本身自由的理論精神變成實踐的力量，並且作為一種意志走出阿門塞斯的陰影王國（即冥國——引者注），轉而面向那存在於理論精神之外的世俗的現實。」哲學不應脫離世界，它應「給現象打上它的烙印。」哲學的「自我意識」必須向外轉化成一種現實的力量，徹底破除一切束縛人（自我意識）的自由的鎖鏈，這是哲學的「自我意識」實現自身的必由之路，也是社會歷史發展的必然趨向。馬克思把這條必由之路稱作「世界的哲學化」或「哲學的世界化」：「那本來是內在之光的東西，就變成為轉向外部的吞噬性的火焰，於是就得出這樣的結果：世界的哲學

---

1 轉引自戴維‧麥克萊倫：《青年黑格爾派與馬克思》，商務印書館 1982 年版，第 64 頁。

2 《馬克思恩格斯全集》第 40 卷，人民出版社 1982 年版，第 135 頁。

化同時也就是哲學的世界化，哲學的實現同時也就是它的喪失。」[1]
而布魯諾・鮑威爾雖然承認歷史並不等於觀念的歷史，承認歷史本
身的運動與人類思維的發展有着密切的聯繫，但是，他從未試圖說
明二者的關係的真實內容。

　　其次，布魯諾・鮑威爾的「自我意識」與黑格爾的「絕對精
神」一樣，也僅僅是滿足於對基督教及其歷史的解釋，而且為了他
的「自我意識」的絕對原則，他甚至不惜歪曲基督教的真實歷史。
雖然布魯諾・鮑威爾把「神」還原為「人」，認為宗教乃是「自我
意識」的自我異化，是意識的一種分裂，認識到只有徹底改變人的
自我意識，才能徹底消除宗教，從而結束人類的「非人狀態」、開
創人類歷史的新紀元，但是，他只能停留在理論上，而不能給人類
的現狀及發展給出任何實質性的說明，甚至不敢公開宣佈自己的無
神論立場。他曾告誡馬克思不要公開宣佈無神論，然而，馬克思並
沒有採納他的建議。在博士論文的序言裏，馬克思勇敢地宣稱：「不
應該有任何神同人的自我意識相並列。」而且更以眾神的叛逆者普
羅米修斯自喻，表達了對神的蔑視，對自由的渴求，以及為人類的
解放事業而犧牲的大無畏精神。與布魯諾・鮑威爾不同，馬克思的
思想興趣不在宗教或宗教批判，而是在現實，在政治或政治批判，
這一點隨着馬克思思想的進一步發展而變得越來越清晰。

　　因此，我們承認鮑威爾對馬克思的影響，但不能像麥克萊倫那

1　《馬克思恩格斯全集》第 40 卷，人民出版社 1982 年版，第 258 頁。

樣認為，「馬克思的博士論文表明，他那時不過是對鮑威爾的某些思想深有同感的一個普通的青年黑格爾分子罷了。（引文略有改動——引者注）」[1] 馬克思並不是青年黑格爾學派的普通一員。

　　隨着對現實生活了解的深入，馬克思發展了博士論文中的「哲學世界化」的思想，並且逐漸與布魯諾·鮑威爾的「自我意識」、「批判哲學」決裂。與此同時，原先模糊不清的人類解放的思想旨趣逐漸清晰起來，最終在《〈黑格爾法哲學批判〉導言》和《論猶太人問題》中得到確切的表達。

　　在「《萊茵報》時期」，馬克思接觸到許許多多複雜而又敏感的社會、政治、經濟問題。社會的不平激起青年馬克思的無比憤慨，下層勞動羣眾的困苦生活引起他極大同情和關注。他毅然決定放棄原先有關哲學史研究的計劃，放棄純理論問題的研討轉而關注現實的、具體的問題。他深切地感到，德國哲學的致命弱點就是脫離實際，「喜歡幽靜孤寂、閉關自守並醉心於淡漠的自我直觀」，「它不是通俗易懂的；它那玄妙的自我深化在門外漢看來正像脫離現實的活動一樣稀奇古怪；它被當作一個魔術師，若有其事地念着咒語，因為誰也不懂他在念什麼。」[2] 而青年馬克思卻要使哲學同現實接觸，對現實發生作用。因此，哲學必須使自身從純思辨的天國下降到現實的塵世。正是在這裏，馬克思寫下了如下膾炙人口的名言：

1　戴維·麥克萊倫:《青年黑格爾派與馬克思》，商務印書館 1982 年版，第 75 頁。
2　《馬克思恩格斯全集》第 1 卷，人民出版社 1956 年版，第 120 頁。

「然而，哲學家的成長並不像雨後春筍，他們是自己的時代、自己的人民的產物，人民最精緻的、最珍貴和最看不見的精髓都集中在哲學思想裏。那種曾用工人的雙手建築起鐵路的精神，現在在哲學家的頭腦中樹立哲學體系。哲學不是世界之外的遐想，就如同人腦雖然不在胃裏，但也不在人體之外一樣。」

「任何真正的哲學都是自己時代精神的精華。」

「哲學不僅從內部即其內容來說，而且從外部即其表現來說，都要和自己時代的現實世界接觸並相互作用。」

「它是文明的活的靈魂，哲學已成為世界的哲學，而世界也成為哲學的世界。」[1]

青年黑格爾派的自由主義幻想破滅之後，在普魯士的政治形勢日益緊張的情況下，布魯諾‧鮑威爾以及柏林「自由人」卻逃避和懼怕現實鬥爭，他們除了使自己的思想變得更為激進之外沒有別的辦法，他們片面地鼓吹「批判」，他們所知道的就是「否定一切」，希望通過「純批判」來改變現存事物。無論在宗教問題上還是在政治問題上，他們都變得異常激進和尖銳。馬克思對布魯諾‧鮑威爾以及柏林「自由人」不分場合、不分時機空談批判的做法十分厭惡，更對他們逃避實際問題，以激進的外表掩蓋思想的匱乏和保守表示憤怒。關於「自由人」的作品，馬克思坦率而尖銳地批評道：「這些作品不是從自由、也就是獨立和深刻的內容上看待自由，而

1　《馬克思恩格斯全集》第 1 卷，人民出版社 1956 年版，第 120-121 頁。

是從不受任何約束的、長褲漢的、而且是方便的形式上看待自由。
我要求他們：少發些不着邊際的空論，少唱些高調，多提供一些實
際的知識。」[1]

　　正是在實際鬥爭和對現實問題的關注中，在哲學與現實的接觸
中，馬克思認識到「自由」的具體性，並且初步認識到「自由」與
物質利益的密切聯繫，而原先關於政治自由即人的解放的思想是不
切實際的，因為政治的背後是深刻的物質利益問題，因此，對於什
麼是人的根本、什麼是自由和解放及其途徑等問題，都需要重新切
實地研究。以此為契機，青年馬克思轉向對黑格爾法哲學的批判性
研究，探討政治解放同人類解放的關係問題。最終在《〈黑格爾法
哲學批判〉導言》和《論猶太人問題》中，馬克思明確了人類解放
的哲學主旨，並且找到了理這個問題的正確途徑以及實現人類解放
的物質力量；與此同時，第一次公開批判布魯諾‧鮑威爾，從而徹
底與青年黑格爾派決裂。

　　首先，馬克思批判布魯諾‧鮑威爾把猶太人的解放歸結為宗教
解放，同時又把政治解放同人類解放混淆起來的錯誤，首次論述了
政治解放同人類解放的關係。布魯諾‧鮑威爾在《猶太人問題》和
《現代猶太人和基督徒獲得自由的能力》中，把猶太人問題這一實
際上的社會、政治問題，變成了純粹神學的問題、宗教的問題。鮑

1　《馬克思恩格斯全集》第 27 卷，人民出版社 1972 年版，第 436 頁。

威爾認為,「猶太人和基督徒之間最頑強的對立是宗教的對立。」[1]
由於猶太人堅持自己的宗教,因而使自己與社會進步對立起來,把
自己排除於人類社會之外。相反,只要國家還是基督教國家,它就
不會讓同基督教信仰者相對立的猶太人獲得平等的權利。所以,鮑
威爾認為猶太人的政治解放要以消滅基督教國家為前提,而消滅基
督教國家則必須首先從宗教中解放出來,使無神論成為政治解放的
前提。這樣,鮑威爾把政治解放歸結為宗教解放,「要猶太人放棄
猶太教,要一切人放棄宗教。」[2]

　　馬克思則針鋒相對地指出,在現代資本主義社會中,猶太人問
題實際上已經喪失了神學意義,成為真正的世俗問題。只是在德國
還沒有建立資產階級國家制度、沒有實現政教分離的特殊情況下,
才會把猶太人問題、把宗教解放問題看作是純粹神學的問題。馬克
思進一步指出,宗教解放也不能簡單地等同於政治解放。因為,即
便是在「政治解放已經完成了的國家,宗教不僅存在,而且表現了
生命力和力量,這就證明,宗教的存在和國家的完備並不矛盾。」[3]
在馬克思看來,問題的關鍵就在於揭示宗教的世俗根源,把神學問
題轉化為世俗問題,把宗教批判轉化為世俗的批判,即對世俗的政
治解放本身進行批判。「只有對政治解放本身的批判,才算是對猶

1　《馬克思恩格斯全集》第 1 卷,人民出版社 1956 年版,第 421 頁。

2　《馬克思恩格斯全集》第 1 卷,人民出版社 1956 年版,第 423 頁。

3　《馬克思恩格斯全集》第 1 卷,人民出版社 1956 年版,第 425 頁。

太人問題的淋漓盡致的批判，也才能使這個問題真正變成『當代的
普遍問題』。」[1]因此馬克思指出，「我們用自由公民的世俗桎梏來說
明他們的宗教桎梏。我們並不認為：公民要消滅他們的世俗桎梏，
必須首先克服他們的宗教的狹隘性。我們不把世俗問題化為神學問
題。我們要把神學問題化為世俗問題。相當長的時期以來，人們一
直用迷信來說明歷史，而我們現在是用歷史來說明迷信。在我們看
來，政治解放和宗教的關係問題已經成了政治解放和人類解放的關
係問題。」[2]

　　其次，馬克思與布魯諾・鮑威爾的更大思想分歧在於，馬克思
認為宗教批判本身並不是最終的目的。馬克思堅持認為，在揭示了
宗教的世俗基礎並用世俗基礎本身的分裂來說明宗教與世俗的分裂
之後，還要更進一步去探索現實地消滅宗教得以產生的世俗基礎的
道路，這恐怕是布魯諾・鮑威爾想都不敢想的問題。馬克思指出，
「這種批判（即宗教批判——引者注）撕碎鎖鏈上那些虛構的花朵，
不是要人依舊戴上沒有任何幻想沒有慰藉的鎖鏈，而是要人扔掉
它，採摘新鮮的花朵。」「真理的彼岸世界消逝以後，歷史的任務
就是確立此岸世界的真理。人的自我異化的神聖形象被揭穿以後，
揭露具有非神聖形象的自我異化，就成了為歷史服務的哲學的迫切
任務。於是，對天國的批判變成對塵世的批判，對宗教的批判變成

1　《馬克思恩格斯全集》第 1 卷，人民出版社 1956 年版，第 423 頁。
2　《馬克思恩格斯全集》第 1 卷，人民出版社 1956 年版，第 425 頁。

對法的批判，對神學的批判變成對政治的批判。」[1] 這樣，馬克思便深入到對國家政治與市民社會的關係的批判性研究之中。戴維‧麥克萊倫在其《青年黑格爾派與馬克思》中認為，馬克思在《〈黑格爾法哲學批判〉導言》中的許多說法，尤其是前兩頁中的格言式的精闢說法，比如宗教是「現實的苦難的表現」、是人「自身的假像」、「宗教是人民的鴉片」、「鎖鏈上的那些虛構的花朵」、「虛幻的太陽」等，都是從布魯諾‧鮑威爾那裏借用來的，以此為據，他認為此時的馬克思並沒有擺脫布魯諾‧鮑威爾的思想影響。[2] 而我們的看法則正好相反，馬克思之所以借用鮑威爾的一些說法，正是為了標明與他的根本對立。在「借用」的每個地方，馬克思都得出與鮑威爾截然不同的結論。鮑威爾僅僅說明了或揭示了宗教的世俗根源，把宗教問題歸結為世俗問題；馬克思所要求的則是現實地消滅產生宗教的世俗基礎，而不僅僅是揭示它。「反宗教的鬥爭間接地就是反對以宗教為精神撫慰的那個世界的鬥爭。」[3] 只有現實地消滅了產生宗教和人的自我異化的現實的世俗基礎，才能真正消滅宗教，最終實現人類解放。

　　最後，馬克思通過對英、法、德三個國家的比較研究，以及

1　《馬克思恩格斯選集》第 1 卷，人民出版社 1995 年版，第 2 頁。

2　參見戴維‧麥克萊倫：《青年黑格爾派與馬克思》，商務印書館 1982 年版，第 80-84 頁；又參見茲維‧羅森：《布魯諾‧鮑威爾和卡爾‧馬克思》，中國人民大學出版社 1984 年版，第 165-170 頁。

3　《馬克思恩格斯選集》第 1 卷，人民出版社 1995 年版，第 2 頁。

對德國特殊的階級關係、階級力量的變化的考察，説明了進行徹底革命、實現人類解放的必然性，並且把實現人類解放的歷史使命賦予無產階級。這是布魯諾・鮑威爾無論如何也不可能達到的思想境界。

　　馬克思鮮明地指出，「對德國來説，徹底的革命、全人類的解放，不是烏托邦式的夢想，部分的純政治的革命，毫不觸犯大廈支柱的革命，才是烏托邦式的夢想。」[1]這是由德國特殊的社會狀況和階級狀況所決定的。馬克思指出，在資本主義發展相對比較落後的德國，「任何一個特殊階級所缺乏的不僅是能標明自己是社會消極代表的那種堅毅、尖鋭、膽識、無情。同樣，任何一個等級也還缺乏和人民魂魄相同的，哪怕是瞬間相同的那種開闊胸懷，缺乏鼓舞物質力量去實行政治暴力的天賦，缺乏革命的大無畏精神，對敵人振振有辭地宣稱：我沒有任何地位，但我必須成為一切。」在分散的、利己主義的固步自封中，「每個領域不是在受到壓力的時候，而是當現代各種關係在沒有得到它的支持的情況下確立了一種社會基礎，而它又能夠對這種基礎施加壓力的時候，才開始意識到自己」，才意識到要使自己的特殊利益成為全社會的普遍利益。結果是「一個階級剛剛開始同高於自己的階級進行鬥爭，就捲入了同低於自己的階級的鬥爭。因此，當諸侯同君王鬥爭、官僚同貴族鬥爭，資產者同所有這些人鬥爭的時候，無產者已經開始了反對資產

1　《馬克思恩格斯選集》第 1 卷，人民出版社 1995 年版，第 12 頁。

者的鬥爭。中間階級還不敢按自己的觀點來表述解放的思想，而社會形勢的發展以及政治理論的進步已經說明這種觀點本身陳舊過時了，或者至少是成問題的了。」因此，在德國，「市民社會任何一個階級，如果不是由於自己的直接地位、由於物質需要、由於自己的鎖鏈的強迫，是不會有普遍解放的需要和能力的。」[1] 在德國的這種特殊形勢下，馬克思大膽地斷言：「德國解放的實際可能性……就在於形成一個被戴上徹底的鎖鏈的階級，一個並非市民社會階級的市民社會階級，形成一個表明一切等級解體的等級，形成一個由於自己遭受普遍苦難而具有普遍性質的領域，這個領域不要求享有任何特殊的權利，因為威脅着這個領域的不是特殊的不公正，而是一般的不公正，它不能再求助於歷史的權利，而只能求助於人的權利，它不是同德國國家制度的後果處於片面的對立，而是同這種制度的前提處處於全面的對立，最後，在於形成一個若不從其他一切社會領域解放出來從而解放其他一切社會領域就不能解放自己的領域，總之，形成這樣一個領域，它表明人的完全喪失，並因而只有通過人的完全回覆才能回覆自己。社會解體的這個結果，就是無產階級這個特殊等級。」[2] 馬克思分析了德國無產階級的形成與壯大，宣稱只有哲學同無產階級相結合才能實現人的徹底的解放。「德國人的解放就是人的解放。這個解放的頭腦是哲學，它的心臟是無產

1　《馬克思恩格斯選集》第 1 卷，人民出版社 1995 年版，第 13-14 頁。

2　《馬克思恩格斯選集》第 1 卷，人民出版社 1995 年版，第 14-15 頁。

階級。哲學不消滅無產階級，就不能成為現實；無產階級不把哲學變成現實，就不可能消滅自身。」[1]

　　至此，馬克思最終明確了新的哲學旨趣：「人類解放」，同時也明確了實現「人類解放」的現實的「物質力量」——無產階級。當 1844 年 6 月德國西里西亞紡織工人起義爆發並失敗之後，馬克思從「人類解放」以及無產階級的歷史使命的歷史高度，對這次起義給予極高的評價，而當時的布魯諾・鮑威爾先生卻認為，革命的時機尚未到來，而專心致力於他那「純粹的批判」。[2]

第二節　開拓新的哲學視野：「市民社會」

　　馬克思哲學的新的哲學旨趣的最終明確，與新的哲學視野的開拓有着密切的關係，正是新的哲學視野的開拓，才使新的哲學旨趣得以逐漸明確起來。這個新的哲學視野就是現實的社會生活領域：不僅是現實的政治生活領域，更重要的是現實的經濟生活領域，即「市民社會」。馬克思哲學開拓新的哲學視野的過程，就是馬克思哲學走出純粹的思想王國、進入現實社會生活領域的過程，同時也

1　《馬克思恩格斯選集》第 1 卷，人民出版社 1995 年版，第 16 頁。
2　參見戴維・麥克萊倫：《青年黑格爾派與馬克思》，商務印書館 1982 年版，第 51 頁。

是逐漸拋棄布魯諾‧鮑威爾的「自我意識」以及黑格爾式的哲學思辨，轉而以費爾巴哈的「人本學」為思想武器，深入展開對於現實的社會、政治、經濟問題進行批判性研究的過程。

在「《萊茵報》時期」以前，也就是在大學時期，青年馬克思受布魯諾‧鮑威爾的思想影響，也像其他青年黑格爾派成員一樣，曾經持一種理論主義的態度。這種理論主義的態度主要表現在如下三個方面：

首先，在對待黑格爾哲學的態度上，儘管青年黑格爾派內部常常是矛盾的，但是在對待黑格爾哲學的態度上卻是完全一致的。他們每個人都相信黑格爾哲學已經達到了哲學的頂點，剩下的任務就只是發揮黑格爾本人由於精力的限制沒有或尚未來得及詳細論述的內容而已。無論宗教批判還是政治批判，青年黑格爾派都是從黑格爾哲學出發的。後來，馬克思在《德意志意識形態》中說，黑格爾哲學體系解體以後，「這個 caput mortuum 的各個組成部分就分解了，它們重新化合，構成新的物質。那些以哲學為業，一直以經營絕對精神為生的人們，現在都撲向這種新的化合物。每個人都不辭勞苦地兜售他所得到的那一份。」[1]青年馬克思也正是有感於黑格爾的哲學史由於其「令人驚訝的龐大和大膽計劃使他不能深入研究個別細節」而決心從事古代哲學史研究的。[2]前文我們已指出，這也是

1　《馬克思恩格斯選集》第 1 卷，人民出版社 1995 年版，第 63 頁。
2　《馬克思恩格斯全集》第 40 卷，人民出版社 1982 年版，第 189 頁。

受布魯諾‧鮑威爾的影響的結果。所以，馬克思才會說，「如果一個哲學家真正適應了，那麼他的學生們就應該根據他的內在的本質的意識來說明那個對於他本人具有一種外在的意識形式的東西。」青年黑格爾派對於黑格爾哲學的這種忠誠態度，不過是對黑格爾哲學所曾辯護過的現實的忠誠的理論表現。

其次，在政治態度上，青年黑格爾派也像黑格爾一樣對國家抱有一種自由主義的幻想。黑格爾認為，「國家是倫理理念的現實」，從而把國家神聖化。與老師不同的是，青年黑格爾派並沒有把現存政權神化，而是認為自由的理性國家作為一種理想，還尚未實現；然而，這種理想本身就包含着其實現的根本原則，因而可以通過政治改良與宗教改革來實現，而不需要徹底的社會革命。比如，盧格在 1838 年寫道：「如果像普魯士那樣，國家本身內部包含着改良原則，那麼，革命就既沒有必然性，也沒有可能性。」² 布爾、布魯諾‧鮑威爾、赫斯等人也持類似的觀點，他們都反對革命、提倡改良，對現存政權抱有希望。尤其當 1840 年弗裏德裏希‧威廉四世即位以後，做了一些自由主義的表面文章，如放寬書報檢查制度等，更使得青年黑格爾派對國王充滿幻想。布魯諾‧鮑威爾在若干年以後回憶這個時期時說：「希望的晨曦映照在每一個人的臉上，

1　《馬克思恩格斯全集》第 40 卷，人民出版社 1982 年版，第 257 頁。
2　轉引自戴維‧麥克萊倫：《青年黑格爾派與馬克思》，商務印書館 1982 年版，第 24 頁。

使他們露出喜悅的面容；從所有的心胸中似乎都在不斷地迸發出巨大的歡樂。」[1] 雖然青年馬克思在思想取向上與其餘青年黑格爾派成員是根本不同的，但是，青年馬克思也曾從自由主義或資產階級民主主義的立場出發，對黑格爾式的理性國家抱有幻想。

　　第三，對黑格爾哲學的忠誠和對自由主義的理性國家的幻想，決定了青年黑格爾派把一切問題都歸結為理論問題，認為全部問題都在於揭示和宣傳國家的理性本質、推進德國的宗教改革和啟蒙運動。他們認為，哲學的革命必然會帶來現實的革命。這正是黑格爾的自信，他曾說，「思想的王國一旦發生革命，現實就維持不住了。」這也是整個青年黑格爾派的信念，布魯諾·鮑威爾稱之為「真正理論的恐怖統治。」[2] 路德維希·布爾在其創辦的《柏林月報》的第一期上，曾明確聲明它的宗旨：「我們不想用另一種國家形式來代替一種國家形式，我們沒有建立任何政黨，因為我們的目的只是說服教育。我們不受任何束縛，因而能夠藉助於純理論立場要求自由研究的權利。」[3] 受布魯諾·鮑威爾的影響，馬克思也非常強調理論的作用，認為「哲學的實踐本身就是理論的。」正如馬克思後來認清的那樣，青年黑格爾派的這種理論主義傾向認為「目前的鬥

1　轉引自戴維·麥克萊倫：《青年黑格爾派與馬克思》，商務印書館 1982 年版，第 17 頁。

2　轉引自戴維·麥克萊倫：《青年黑格爾派與馬克思》，商務印書館 1982 年版，第 63 頁。

3　轉引自戴維·麥克萊倫：《青年黑格爾派與馬克思》，商務印書館 1982 年版，第 41 頁。

爭只是哲學同德國世界的批判性鬥爭」，「它沒有想到迄今為止的哲學本身就屬於這個世界，而且是這個世界的補充，雖然只是觀念的補充。」[1]

　　然而在思想取向上，青年馬克思與青年黑格爾派一開始就是根本不同的，他有着強烈的關注現實的精神，即使在這種理論主義的強烈影響之下，他也沒有忘記現實的關注。因此，在受黑格爾哲學史的啟發研究古代哲學史時，馬克思沒有非批判地接受黑格爾的觀點，他甚至意識到了黑格爾哲學的思辨主義的弊病：「黑格爾對於他主要地稱之為思辨的東西的觀點，也妨礙了這位偉大的思想家認識上述那些體系（指伊壁鳩魯、斯多葛和懷疑論這三派哲學──引者注）對於希臘哲學史和整個希臘精神的重大意義。」[2] 馬克思在受布魯諾·鮑威爾的影響而宣稱「哲學的實踐本身就是理論的」的同時，還表達了「哲學的世界化」的現實關注。青年馬克思的這種關注現實的致思取向，決定了他決不會滿足於抽象的理論建構，他必然會擺脫青年黑格爾派的理論主義，使哲學「走出阿門塞斯的陰影王國，轉而面向那存在於理論精神之外的世俗的現實」，[3] 實現哲學視野的根本轉移。

　　上文已經提到，正是在這種「哲學世界化」的思想取向的指引

1　《馬克思恩格斯選集》第 1 卷，人民出版社 1995 年版，第 8 頁。

2　《馬克思恩格斯全集》第 40 卷，人民出版社 1982 年版，第 198 頁。

3　《馬克思恩格斯全集》第 40 卷，人民出版社 1982 年版，第 258 頁。

下，青年馬克思積極參加了《萊茵報》關於許多現實問題的辯論，初步涉及到了利益同自由、政治、國家等的關係問題，「第一次遇到要對所謂物質利益發表意見的難事。」[1] 也正是以此為契機，青年馬克思轉向對黑格爾法哲學的批判性研究。

在未完成的《黑格爾法哲學批判》手稿中，馬克思着意批判性地分析了黑格爾《法哲學原理》一書的第 260-313 節。在這些章節中，黑格爾系統地表達了他的國家觀，而其中最吸引馬克思的是市民社會與國家的關係問題。黑格爾在這裏一方面把國家神聖化，把國家看作是倫理精神的最高體現；另一方面又顛倒了國家與家庭、市民社會的關係，尤其是國家與市民社會的關係。黑格爾認為，只有在國家中，市民社會的內在矛盾才能得到克服，因而國家是市民社會的真理和目的。馬克思認為，在黑格爾法哲學的理念論的神祕主義中，市民社會與國家的真實關係被顛倒了：不是市民社會決定國家，而是國家以神祕的方式決定市民社會。

針對以上兩點，馬克思一方面指出了這種神祕主義的根源，另一方面又闡明了自己對國家與市民社會關係的理解。馬克思指出，黑格爾的國家觀的神祕主義來自他的「邏輯學」、「理念論」。在「法哲學」中，「理念變成了獨立的主體，而家庭和市民社會對國家的現實的關係變成了理念所具有的想像的內部活動。」[2] 與黑格

1　《馬克思恩格斯選集》第 2 卷，人民出版社 1995 年版，第 31 頁。
2　《馬克思恩格斯全集》第 1 卷，人民出版社 1956 年版，第 250 頁。

爾相反，馬克思認為，國家與市民社會的真實關係是市民社會決定國家，市民社會是國家的基礎和前提，而不是相反。馬克思指出，「實際上，家庭和市民社會是國家的前提，它們才是真正的活動者；而思辨卻把這一切頭足倒置。」「政治國家沒有家庭的天然基礎和市民社會的人為基礎就不可能存在。它們是國家的 conditio sine qua non［必要條件］。」[1]

通過對黑格爾法哲學的批判，馬克思充分肯定了市民社會對國家、政治的基礎作用。與此同時，馬克思還從歷史發展的角度來了解市民社會及其與國家的關係。馬克思認為，在古代社會或「古代國家」，人民與國家之間存在着實體性統一，即國家還沒有發展成為與「人民」（實即自由民）的日常生活有區別的特殊形式。由於市民社會即從事生產活動的人，還不是「人民」（自由人）而是奴隸，所以市民社會只是政治社會的奴隸。在中世紀，普遍存在的等級制度在市民社會和政治國家中起着相同的作用。通過等級的中介，市民社會和政治國家結為一體。伴隨着封建等級制的解體，政治等級轉變為社會等級，市民社會才逐漸同國家、政治實現分離。這種分離的最重要表現就是，反映普遍利益的國家從私人利益佔優勢的市民社會中分化出來，成為一種抽象的、虛幻的、高高在上的共同體。「政治國家是脫離市民社會的一個抽象。」[2]

---

1 《馬克思恩格斯全集》第 1 卷，人民出版社 1956 年版，第 250-251、252 頁。
2 《馬克思恩格斯全集》第 1 卷，人民出版社 1956 年版，第 343 頁。

　　在《黑格爾法哲學批判》中，馬克思從費爾巴哈的人本主義立場出發，看到了在市民社會中人的分裂、異化，但是，馬克思對於抽象的異化講得很少，馬克思更多的是通過人的分裂、異化來批判現實社會，批判政治國家同市民社會的分裂，進而重新彌合市民社會與國家的關係。馬克思當時的説法是：「要使政治國家返回實在世界。」隨着研究的進一步深入，馬克思逐漸認識到，要消除國家同市民社會的分離，消除人的異化，必須首先對造成這種異化的現實根源，即市民社會本身進行細緻的剖析。「對市民社會的解剖應該到政治經濟學中去尋求。」[1] 所以在 1843 年底，馬克思就更加深入到對政治經濟學的批判性研究中去，這是馬克思第一次接觸政治經濟學，這種學習研究的成果就體現在「巴黎筆記」（包括十個筆記本）之中。對市民社會的解剖、對政治經濟學的批判性研究，標誌着馬克思實現了哲學視野的根本轉移。

　　需要指出的是，馬克思由政治批判向政治經濟學批判的轉變也有一個過程，這一轉變過程在「黑格爾法哲學批判」之後的「克羅茨納赫筆記」（寫於 1843 年 7-10 月）之中體現的很明顯。正如張一兵先生分析指出，「從『克羅茨納赫筆記』的總體來看，馬克思在全部筆記中的焦點意識，明顯是歐洲國家封建社會的歷史。其中包括法、英、瑞典、波蘭和威尼斯的封建政治史，這些內容佔去了筆記的相當大的部分。本來，馬克思是想着力弄清楚政治在歷史中的

1　《馬克思恩格斯選集》第 2 卷，人民出版社 1995 年版，第 32 頁。

作用（這與「黑格爾法哲學批判」的初衷是一致的──引者注），
而他卻無意識地不斷體認到，圍繞財產的所有制實際上才是社會歷
史結構的真正基礎。」[1]

　　在馬克思實現哲學視野轉移的過程中，費爾巴哈對馬克思的思
想發展起了關鍵性的作用，主要體現在如下兩個方面。

　　首先，費爾巴哈對黑格爾思辨唯心主義的批判，鼓舞了青年馬
克思走出理論主義的思想范圍。早在 1839 年的《黑格爾哲學批判》
中，費爾巴哈便宣告同黑格爾哲學的分裂，在 1841 年 6 月發表的
《基督教的本質》一書中，費爾巴哈從感性的自然和人出發，對宗
教和黑格爾哲學做了更加深入的批判。費爾巴哈說，這部著作「是
思辨的直接反對物，它是思辨的結束」[2]《基督教的本質》一書在當
時引起了極大反響。恩格斯在 40 多年後回憶當時的情景時說：「這
部書的解放作用，只有親身體驗過的人才能想像得到。那時大家都
很興奮：我們一時都成為費爾巴哈派了。」又說這部書的出版，一
下子就消除了唯物主義與唯心主義的矛盾，「它直截了當地使唯物
主義重新登上王座。」[3]確立了感性自然界對意識的基礎地位。費爾
巴哈對馬克思的影響是巨大的，馬克思說：「我勸你們，思辨神學
家和哲學家們，假如你們願意明白事物存在的真相，即明白真理，

1　張一兵：《回到馬克思》，江蘇人民出版社 1999 年版，第 146 頁。

2　費爾巴哈：《基督教的本質》，商務印書館 1984 年版，第 15 頁。

3　《馬克思恩格斯選集》第 4 卷，人民出版社 1995 年版，第 222 頁。

你們就應該從先前的思辨哲學的概念和偏見中解放出來。你們只有通過『火流』（雙關語：德文［Feuerbach］的字面意思是『火流』，而音譯是『費爾巴哈』——原譯者注）才能走向真理和自由，其他的路是沒有的。費爾巴哈，這才是我們時代的滌罪所。」[1] 這既是馬克思對「思辨神學家和哲學家們」的理論主義的批判，也是對自己的提示。正是費爾巴哈的《基督教的本質》使馬克思意識到思辨哲學的理論主義的偏見，從而擺脫了思辨哲學的理論主義，轉向對現實社會領域的研究。

　　其次，費爾巴哈的人本主義，還為脫離了思辨哲學之後的青年馬克思啟發了一個新的思想立場，並提供了一套新的話語方式。實際上，費爾巴哈對青年馬克思影響更為深刻的是他的人本主義思想。[2] 青年馬克思對《基督教的本質》一書的主題——宗教批判——並不感興趣，因為他在布魯諾・鮑威爾的「自我意識」中已經獲得了無神論的觀念，並在「博士論文」中充分表達了這種無神論的觀念；《基督教的本質》一書對青年馬克思影響更大的是費爾巴哈的宗教批判的思想基礎，即其中的「人本主義」。

　　費爾巴哈在《基督教的本質》中宣稱：「神學之祕密是人本學」，[3]「新哲學的原則……是與人之真正的、現實的、整個的本質相適應

1　《馬克思恩格斯全集》第 1 卷，人民出版社 1956 年版，第 33-34 頁。

2　參見張一兵：《回到馬克思》，江蘇人民出版社 1999 年版，第 153 頁。

3　費爾巴哈：《基督教的本質》，商務印書館 1984 年版，第 5 頁。

的，」新哲學「將現實的毋寧說最最實在的本質，真正最實在的存在：人，即最積極的現實原則當作自己的原則。」[1] 這種「新哲學的原則」，在後來的《關於哲學改造的臨時綱要》（1843 年 2 月發表）和《未來哲學原理》（1843 年 7 月發表）中得到了更為集中的闡釋，它們的目的「是從絕對哲學，亦即從神學中將人的哲學的必要性，亦即人類學的必要性推究出來，以及通過神的哲學的批判而建立人的哲學的批判。」[2] 費爾巴哈在《未來哲學原理》的結尾部分，表明了他的新哲學與舊哲學的決裂：「一種真正的新哲學，即適合於人類和未來需要的獨立的哲學，其不可缺少的條件則在於它本質上與舊哲學不同。」[3] 因此，新哲學既批判宗教神學，也以批判神學的方式批判舊哲學，特別是作為思辨哲學的頂峰的黑格爾哲學。

費爾巴哈的人本主義，為剛剛跳出抽象的「自我意識」的青年馬克思提供了一個新的理論武器或思想參照，正是從得自費爾巴哈的人本主義的思想立場出發，（下文中我們將會談到，馬克思的人本主義雖然來自費爾巴哈，但並不完全等同於費爾巴哈的人本主義，二者之間有着根本區別。）馬克思深入批判了黑格爾「法哲學」。馬克思在《〈黑格爾法哲學批判〉導言》中指出：「對宗教的批判最後歸結為人是人的最高本質這樣一個學說，從而也歸結為這

---

1 費爾巴哈：《基督教的本質》，商務印書館 1984 年版，第 14、15 頁。

2 費爾巴哈：《費爾巴哈哲學著作選集》（上），三聯出版社 1959 年版，第 121 頁。

3 費爾巴哈：《費爾巴哈哲學著作選集》（上），三聯出版社 1959 年版，第 186 頁。

樣的絕對命令：必須推翻那些使人成為被侮辱、被奴役、被遺棄和被蔑視的東西的一切關係。」[1]

　　同樣，也是在這種人本主義思想的影響下，馬克思在研究和批判政治經濟學的過程中，才能夠逐漸擺脫早期的「失語狀態」，最終獲得了一種從總體上統攝政治經濟學的哲學話語，[2]從而使馬克思能夠實現對資產階級政治經濟學的哲學批判。與此同時，也正是通過對資產階級政治經濟學的批判，馬克思實現了對費爾巴哈的人本主義的超越，最終確立了自己的新的哲學基點，這個新的哲學基點就是：「現實的人」。

第三節　奠定新的哲學基點：「現實的人」

　　批判性地解讀政治經濟學，超越費爾巴哈的抽象的人本主義，奠定新的哲學基點，即「現實的人」。馬克思思想發展的這一成果，集中體現在《1844 年經濟學哲學手稿》之中。馬克思從來不是一個費爾巴哈論者。在接觸費爾巴哈哲學之初，馬克思也沒有全盤接受其思想，而是有着重要的保留，甚至一開始就蘊含着對費爾巴哈的批判。正是在批判和超越其抽象的人本學的基礎上，新的哲學

1　《馬克思恩格斯選集》第 1 卷，人民出版社 1995 年版，第 9-10 頁。
2　參見張一兵：《回到馬克思》，江蘇人民出版社 1999 年版，第 171 頁。

基點即「現實的人」的觀念才得以形成。

首先，馬克思一開始就從費爾巴哈的宗教批判的哲學主題中，剝離出其人本主義的哲學意蘊。如前所述，馬克思一開始就對費爾巴哈的主題即宗教批判不感興趣，他所關注的是「人類解放」或「自由」。因此，費爾巴哈對馬克思啟發最大的東西，不是他對宗教的批判，而是他批判宗教的思想基礎或理論武器，即他的人本學。這樣，馬克思便從自己獨特的思想立場出發肢解了費爾巴哈。在費爾巴哈哲學中，其人本主義的哲學意蘊與其宗教批判的哲學主題是水乳交融的，人本主義或「人」，僅僅是費爾巴哈對宗教進行批判的思想武器或思想立場。

馬克思對費爾巴哈的人本主義的哲學意蘊的剝離，意味着他並沒有象阿爾都塞所認為的那樣曾接受過費爾巴哈的總問題，[1] 而是一開始就以自己獨特的思想旨趣或自己的「總問題」為基礎去理解費爾巴哈，雖然此時馬克思對自己的「總問題」或哲學主題還不是很明確。這也預示了後來對費爾巴哈哲學的徹底批判與根本超越。

其次，馬克思一開始就賦予費爾巴哈的人本學以現實性的內容。馬克思在致盧格的一封信中說：「費爾巴哈的警句只有一點不能使我滿意，這就是：他過多地強調自然而過少地強調政治。然而這一聯盟是現代哲學能夠藉以成為真理的惟一聯盟。結果大概像在

1　阿爾都塞：《保衛馬克思》，商務印書館 1984 年版，第 16 頁。

16 世紀那樣，除了醉心於自然的人以外，還有醉心於國家的人。」[1]
馬克思與費爾巴哈的這一點區別，正是兩人本質性的原則差異。費
爾巴哈只強調了人的自然存在，而馬克思則在承認人的自然屬性的
基礎上進一步指出，「人就是人的世界，就是國家，社會。」[2] 費爾
巴哈只是從抽象的人（「感性的人」、「自然的人」）的觀念出發，
分析並批判了人在宗教、神學和思辨哲學中的異化，而馬克思則要
從人的現實存在即：經濟、政治、社會、國家的角度，去考察人的
本質及其在現實生活中的異化，並以此為基礎對歷史以及黑格爾法
哲學進行了深入批判。這樣，馬克思就超出了費爾巴哈的抽象的人
本學範圍，賦予其現實性的內容。也正是以此為基礎，馬克思深進
一步深入到政治經濟學的批判性研究，並最終超越了費爾巴哈的抽
象人本學，找到了新哲學得以生發的基點：「現實的人」。

　　由此可見，馬克思哲學的這個新的哲學基點的確定，一方面
離不開費爾巴哈的人本主義思想的啟發，另一方面，這更是青年馬
克思獨特的關注現實的思想取向的必然結果，是馬克思批判性地研
究政治經濟學的思想成果。我們可以說，新的哲學基點即「現實的
人」，既是青年馬克思在費爾巴哈人本主義的啟發下，從人本主義
的思想立場出發批判性地研究政治經濟學的必然結果，又是青年馬
克思通過批判性地研究政治經濟學，超越費爾巴哈的抽象人本主義

1　《馬克思恩格斯全集》第 27 卷，人民出版社 1972 年版，第 442-443 頁。
2　《馬克思恩格斯選集》第 1 卷，人民出版社 1995 年版，第 1 頁。

的必然結果。

　　前已提及，馬克思第一次接觸政治經濟學是在 1843 年底，由於他此前沒有接觸過政治經濟學，對政治經濟學可以說是「一無所知」，[1] 因此，整個「巴黎筆記」（《1844 年經濟學哲學手稿》只是「巴黎筆記」的幾個筆記的組合），基本上是馬克思學習和掌握政治經濟學的摘記，只是到了這一學習過程最後的《詹姆斯·穆勒〈政治經濟學原理〉一書摘要》，（簡稱《穆勒摘要》）馬克思才能夠對政治經濟學進行批判，張一兵先生認為，《穆勒摘要》是「《巴黎筆記》中最重要的事件：馬克思突然擺脫了前面的失語狀態，重新獲得了對經濟學文本的批判性支配權。這一次，馬克思不再跟着斯密、李嘉圖被動地向前走，而真正找到了一個邏輯入口……馬克思開始變得自由和自信起來。」[2] 我們認為，這個「邏輯入口」，實際上就是在批判和超越費爾巴哈的抽象人本主義的基礎上，逐漸形成的新的哲學基點，這也是馬克思哲學得以生發的新的基點，即「現實的人」。正是通過這個「邏輯入口」或「哲學基點」，馬克思第一次進入到對政治經濟學的批判性研究之中，而通過對政治經濟學的批判性研究，又進一步超越了費爾巴哈的抽象的人本學，反過來又強化了這個新的哲學基點。

　　在《1844 年經濟學哲學手稿》的第一個筆記本中，馬克思「從

1　參見：《馬克思恩格斯全集》第 38 卷，人民出版社 1972 年版，第 480 頁。

2　張一兵：《回到馬克思》，江蘇人民出版社 1999 年版，第 171 頁。

國民經濟學的各個前提出發」，考察了收入的三種源泉或形式：「工資」、「資本的利潤」和「地租」。[1]但是，通過對「資本和土地的差別，利潤和地租的差別，這兩者同工資的差別」的分析，馬克思卻得出了與「國民經濟學」完全不同的結論，揭示出勞動同資本、工資同利潤的敵對關係，揭示出工人在資本主義生產中的異化，即「勞動異化」。馬克思指出，「我們從國民經濟學本身出發，用它自己的話指出，工人降低為商品；而且降低為最賤的商品；工人的貧困同他的產品的力量和數量成反比；競爭的必然結果是資本在少數人手中積累起來，也就是壟斷的更驚人的恢復；最後，資本家和地租所得者之間、農民和工人之間的區別消失了，而整個社會必然分化為兩個階級，即有產者階級和沒有財產的工人階級。」[2]

這樣，馬克思就揭明了「國民經濟學」的理論與現實之間的矛盾，或者說揭示出了「國民經濟學」的抽象理論所掩蓋的現實：「1. 依據國民經濟學的理論觀點，勞動產品『本來屬於工人』，可是現實中工人只得到了『繁衍工人』所必需的部分；2. 理論上，一切東西都可以用勞動購買，可是現實中工人什麼也不能買，還要出賣自己；3. 理論上，『勞動是人用來增大自然產品的價值的唯一東西』，可資本家和地主卻在現實中對工人處處佔上風；4. 理論上勞

1　三者是三欄並列的，而不是依次相繼的，可見馬克思著重揭示它們的相互關係。參見《〈1844 年經濟學哲學手稿〉研究》（文集），湖南人民出版社 1983 年版，第 7 頁。

2　馬克思：《1844 年經濟學哲學手稿》，人民出版社 2000 年版，第 50 頁。

動是不變的物價，可現實中勞動價格波動最大；5. 理論上，工人的
利益與社會不對立，可現實中作為增加財富的勞動卻是『有害的』；
6.『按照理論，地租和資本利潤是工資的扣除。但是在現實中，工
資卻是土地和資本讓給工人的一種扣除』。」[1] 因此，馬克思在第一
個筆記本的最後，徹底打破了原先三欄並列的筆記格式，[2] 集中從
「國民經濟學」所無法說明的「當前的經濟事實出發」，揭示了工
人在資本主義生產中的異化，提出了「異化勞動」的概念。馬克思
說道：

「我們且從當前的經濟事實出發。」

「工人生產的財富越多，他的產品的力量和數量越大，他就越
貧窮。工人創造的商品越多，他就越變成廉價的商品。物的世界的
增值同人的世界的貶值成正比。勞動生產的不僅是商品，它生產
作為商品的勞動自身和工人，而且是按它一般生產商品的比例生
產的。」

「這一事實無非表明：勞動所生產的對象，即勞動的產品，作
為一種異己的存在物，作為不依賴於生產者的力量，同勞動相對
立。勞動的產品是固定在某個對象中的物化的勞動，這就是勞動的
對象化。勞動的現實化就是勞動的對象化。在國民經濟學假定的狀

1　張一兵：《回到馬克思》，江蘇人民出版社 1999 年版，第 226-227 頁。
2　參見：《馬克思早期思想研究譯文集》，重慶出版社 1983 年版，第 178 頁；又
　　參見張一兵：《回到馬克思》，江蘇人民出版社 1999 年版，第 229 頁。

況中，勞動的這種現實化表現為工人的非現實化，對象化表現為對象的喪失和被對象奴役，佔有表現為異化、外化。」

「這一切後果包含在這樣一個規定中：工人對自己的勞動的產品的關係就是對一個異己的對象的關係。」[1]

馬克思進一步具體地從「勞動產品同勞動者相異化」、「勞動本身同勞動者相異化」、「人同自己的類本質相異化」以及「人同人相異化」等四個方面，諸層深入地闡述了「異化勞動」思想的豐富內涵。這是我們都非常熟悉的，在此不再贅述。

「異化勞動」理論是《1844 年經濟學哲學手稿》的核心思想成果，它貫穿於《手稿》對政治經濟學的整個批判之中。在第二個筆記本和第三個筆記本中，馬克思以「異化勞動」理論為指導，探討了「私有財產的關係」以及「私有財產和勞動」、「私有財產和共產主義」、「私有財產和需要」等內容，揭示了「國民經濟學」由以出發卻不能說明的前提即「私有財產」的本質。馬克思指出，「私有財產是外化勞動即工人對自然界和對自身的外在關係的產物、結果和必然後果」。「私有財產一方面是外化勞動的產物，另一方面又是勞動藉以外化的手段，是這一外化的實現。」[2] 在此基礎上，馬克思進一步從「異化勞動」的思想出發，闡述了他對於共產主義的實質內涵的理解：「共產主義是私有財產即人的自我異

1　馬克思：《1844 年經濟學哲學手稿》，人民出版社 2000 年版，第 51-52 頁。
2　馬克思：《1844 年經濟學哲學手稿》，人民出版社 2000 年版，第 61 頁。

化的積極揚棄。」¹

「異化勞動」理論作為馬克思批判政治經濟學的哲學原則，其中仍然殘存着許多費爾巴哈人本學的印記，而且馬克思在《手稿》中也仍然使用着費爾巴哈的一些基本概念，如「類」、「人道主義」等。因此，表面上看，馬克思的「異化勞動」理論似乎是費爾巴哈的人本學的簡單的延伸或應用，彷彿是馬克思在接受它並把它由宗教批判領域轉移到社會政治批判領域之後，進一步把它推進和應用到經濟批判領域的結果。這種浮於表面的理解，不僅取消了馬克思的「異化勞動」理論的獨立性，而且也抹殺了「異化勞動」理論對費爾巴哈的抽象的人本學的根本超越。因此，我們不能僅僅停留在「異化勞動」理論的表面上，而應當從青年馬克思的思想歷程的內在邏輯，來理解「異化勞動」理論的重要意義。

首先，「異化勞動」理論是馬克思獨立的思想成長的結果。馬克思獨立的思想個性、強烈的批判精神、獨特的思想取向，決定了他不可能毫無保留地完全接受某種思想，無論是布魯諾·鮑威爾的「自我意識」，還是費爾巴哈的「人本學」。前文已經指出，馬克思一開始就肢解了費爾巴哈哲學，從其宗教批判的主題剝離出人本主義思想，並賦予費爾巴哈的人本主義以現實性的內容。通過對政治經濟學的批判性研究，馬克思更加豐富了人本學的現實性，揭示了人在現實經濟生活中的異化，即「勞動異化」。

1　馬克思：《1844 年經濟學哲學手稿》，人民出版社 2000 年版，第 81 頁。

其次，「異化勞動」理論蘊含着對費爾巴哈抽象的人本學的超越。雖然，馬克思在「異化勞動」理論中仍沿用費爾巴哈的「人的類本質」等基本概念，但是馬克思根本拋棄了費爾巴哈對人的本質的界定。費爾巴哈把人的本質看作是「單個人所固有的抽象物」，把人的本質先驗地設定為「理性」、「意志」和「心」。馬克思通過對古典政治經濟學的「勞動價值論」的批判，同時又受黑格爾的精神現象學思想的啟發，把人的「類本質」理解為「勞動」，即把人的本質理解為一種「自由自覺的活動」，從而把人理解為一種自由的類存在。「人的類特性恰恰就是自由自覺的活動。」[1] 把勞動理解為人的本質，也就把人看作是一個自我生成的過程，從而破除了抽象人性論。馬克思指出，「黑格爾把人的自我產生看作一個過程……他抓住了勞動的本質，把對象性的人、現實的因而是真正的人理解為他自己的勞動的結果。」[2] 與此相聯，馬克思在「異化勞動」理論中，還從人的現實性、社會性、歷史性方面來理解人，把人看作是「社會存在物」。馬克思從歷史發展，尤其是工業的歷史發展方面來理解人，把工業理解為社會歷史發展的特定階段上人的本質力量展現的一種異化形式。「工業的歷史和工業的已經生成的對象性的存在，是一本打開了的關於人的本質力量的書，

1　《馬克思恩格斯全集》第 42 卷，人民出版社 1979 年版，第 96 頁。《1844 年經濟學哲學手稿》中的譯法是：「自由的有意識的活動恰恰就是人的類特性。」參見《1844 年經濟學哲學手稿》，人民出版社 2000 年版，第 57 頁。

2　馬克思：《1844 年經濟學哲學手稿》，人民出版社 2000 年版，第 101 頁。

是感性地擺在我們面前的人的心理學……人的對象化的本質力量以感性的、異己的、有用的對象的形式，以異化的形式呈現在我們面前。」[1]馬克思還由此出發具體考察人與自然的關係、人與人的關係，這樣就取消了費爾巴哈的抽象的人本學對人的本質的先驗設定。因此我們認為，雖然馬克思在《手稿》中還沒有形成和使用「現實的人」這一概念，但是，以上這些具體論述和觀點足以表明，馬克思充分認識到並初步闡明了人的現實性，實際上已經把人理解為「現實的人」了。

第三，馬克思還把自己「異化勞動」理論，運用到當時對共產主義和人的解放的理解和論證之中。這是由他的思想旨趣所決定的。在《手稿》中，雖然馬克思仍用費爾巴哈的口吻說：「共產主義……是人向自身的還原和復歸」，「共產主義是私有財產即人的自我異化的積極的揚棄」，「這種共產主義，作為完成了的自然主義＝人道主義，而作為完成了的人道主義＝自然主義。」[2]但是，馬克思同時又認為共產主義是歷史的結果。他指出，「因此，歷史的全部運動，既是這種共產主義的現實的產生活動即它的經驗存在的誕生活動，同時，對它的能思維的意識說來，又是它的被理解到和被認識到的生成運動」。「不難看到，整個運動必然在私有財產

1　馬克思：《1844 年經濟學哲學手稿》，人民出版社 2000 年版，第 88-89 頁。
2　馬克思：《1844 年經濟學哲學手稿》，人民出版社 2000 年版，第 81 頁。戴維‧麥克萊倫認為，馬克思對共產主義的這段名言就是模仿費爾巴哈的。參見戴維‧麥克萊倫：《青年黑格爾派與馬克思》，商務印書館 1982 年版，第 113 頁。

的運動中，即在經濟中，為自己找到經驗的基礎，也找到理論的基礎。」[1]「自然科學卻通過工業日益在實踐上進入人的生活，改造人的生活，並為人的解放作準備。」[2] 在這裏，馬克思看到了經濟的發展與工業的進步，看到人的「自我異化的揚棄同自我異化走的是一條道路，」[3] 並且認識到，「整個所謂世界歷史不外是人通過人的勞動而誕生的過程。」因而，在馬克思看來，「共產主義是最近將來的必然的形式和有效的原則。但是，共產主義本身並不是人的發展目標，並不是人的社會的形式。」[4] 這實際上是從現實的社會歷史發展的角度，來理解共產主義和人類解放，這樣馬克思就根本超越了費爾巴哈的抽象人本學的「異化—復歸」的抽象邏輯，轉而從「整個世界歷史」的角度，考察人的生存狀況以及人的未來發展、人類解放和共產主義。

因此，《1844 年經濟學哲學手稿》在馬克思的思想歷程中的重要地位，主要在於其「異化勞動」理論實現了對費爾巴哈的抽象人本學的超越，從而實際上為馬克思哲學的誕生奠定了一個新的哲學基點，即「現實的人」。當然，這個新的哲學基點的明確表述與闡明，是在《德意志意識形態》的第一章「費爾巴哈」中實現的。在

1　《馬克思恩格斯全集》第 42 卷，人民出版社 1979 年版，第 120-121 頁。《1844 年經濟學哲學手稿》（單行本）譯法略有不同。參見：《1844 年經濟學哲學手稿》，人民出版社 2000 年版，第 81-82 頁。

2　馬克思：《1844 年經濟學哲學手稿》，人民出版社 2000 年版，第 89 頁。

3　馬克思：《1844 年經濟學哲學手稿》，人民出版社 2000 年版，第 78 頁。

4　馬克思：《1844 年經濟學哲學手稿》，人民出版社 2000 年版，第 92-93 頁。

這一章中，馬克思反覆強調，新哲學的基點或前提是「現實的個人」，並從現實的「生產方式」或「生活方式」，從人們「進行生產的物質條件」來理解人的現實性。

正是在「現實的人」這個新的哲學基點之後，馬克思進一步展開對「現實的人及其歷史發展」的研究。然而我們應當注意，「現實的人」也僅僅是個思想基點，它的確定無法代替對「現實的人及其歷史發展」的批判性的、真正實證的科學研究。因此，對《手稿》的評價也不能過度拔高。

但是要從根本上批判費爾巴哈哲學，僅僅超越其抽象的人本主義還是不夠的，必須從根本上超越作為德國古典哲學乃至整個近代哲學的集大成者的黑格爾哲學。只有超越了黑格爾，才能從根本上超越費爾巴哈。因為，正如恩格斯所說，「施特勞斯、鮑威爾、施蒂納、費爾巴哈，就他們沒有離開哲學這塊土地來說，都是黑格爾哲學的分支。」[1]而在近代哲學主題的範圍內，是不可能超越作為近代哲學之頂峰的黑格爾哲學的，所以費爾巴哈雖然突破了黑格爾的體系，卻仍然無法跳出思辨哲學的苑圍。恩格斯指出，哲學作為「凌駕於一切專門科學之上並把它們包羅在內的科學的科學，對他來說，仍然是不可逾越的屏障，不可侵犯的聖物，而且作為一個哲學家，他也停留在半路上，他下半截是唯物主義者，上半截是唯心主義者；他沒有批判地克服黑格爾，而是簡單地把黑格爾當作無用

---

1 《馬克思恩格斯選集》第 4 卷，人民出版社 1995 年版，第 241 頁。

的東西拋在一邊，同時，與黑格爾體系的百科全書式的豐富內容相比，他本人除了矯揉造作的愛的宗教和貧乏無力的道德以外，拿不出什麼積極的東西。」[1]

只有超越近代哲學的主題，實現哲學主題的轉換，才能根本超越黑格爾哲學。馬克思在《關於費爾巴哈的提綱》以及《德意志意識形態》中，最終明確了新的哲學主題，從而實現了對費爾巴哈哲學、黑格爾哲學以及整個近代哲學的最終超越。

第四節　確立新的哲學主題：「改變世界」

馬克思在《關於費爾巴哈的提綱》以及與此緊密相聯的《德意志意識形態》第一章「費爾巴哈：唯物主義觀點和唯心主義觀點的對立」中宣稱：

「哲學家們只是用不同的方式解釋世界，問題在於改變世界。」[2]

「實際上和對實踐的唯物主義者即共產主義者來說，全部問題都在於使現存世界革命化，實際地反對並改變現存的事物。」[3]

我們認為，這兩句雖表述不同但內涵一致的名言，明確地宣示

1　《馬克思恩格斯選集》第 4 卷，人民出版社 1995 年版，第 241-242 頁。

2　《馬克思恩格斯選集》第 1 卷，人民出版社 1995 年版，第 57 頁。

3　《馬克思恩格斯選集》第 1 卷，人民出版社 1995 年版，第 75 頁。

了馬克思哲學的新主題，即：「改變世界」。然而，學界通常依據這兩句話把馬克思哲學理解為「實踐哲學」。這種理解實際包含有兩層理解：其一，馬克思哲學是無產階級革命的理論指導，它不能脫離工人運動以及社會歷史的現實。這樣也就把「實踐哲學」理解為一種不尚空談、理論聯繫實際的哲學主張。這種理解是就馬克思哲學與現實（實踐）的關係而言的；其二，馬克思哲學的理論核心或基石是「實踐」，力圖從理論本性層面上來理解作為「實踐哲學」的馬克思哲學，「實踐」被視為一種「本體」。

　　相比之下，第一層理解雖然突出了馬克思哲學的實踐性和革命性，但只是一種常識性觀點，沒有深入到馬克思哲學的理論本性；第二層理解力圖從馬克思哲學的理論本性來理解「實踐」。然而，雖然人們可以給馬克思哲學一個新的「稱謂」，但卻不能給這個「稱謂」以具體的內容，不能給馬克思哲學一個確切的「定位」，沒有揭示出馬克思哲學的獨特的理論內涵。因而，一方面，在一個抽象的原理和空洞的「稱謂」之下，人們對馬克思哲學的本性的理解仍然是各異其趣的；另一方面，在「實踐哲學」的旗號下，人們對馬克思哲學的理解，又陷入馬克思哲學已經超越了的「理論哲學」的泥沼。[1] 因此我們認為，必須根本拋棄以各種「理論哲學」理解或詮釋馬克思哲學的企圖，從馬克思哲學的新的哲學主題即「改變世

1　參見王南湜：《馬克思哲學當代性的三重意蘊》，載《中國社會科學》2001 年第5 期。

界」的角度來理解馬克思哲學，理解馬克思哲學的實踐性。相應地，也就必須把以上那兩句話理解為馬克思對新的哲學主題的明確表述。只有抓住這一點，才能真正理解馬克思哲學何以為「實踐哲學」或「改變世界」的哲學。

新的哲學主題的確立，是馬克思批判性地超越黑格爾哲學，超越黑格爾哲學的主題（也即整個近代哲學的主題）的必然結果。而新的哲學主題的確立，最終實現了對黑格爾哲學的超越，實現了哲學的革命性變革。因此，對黑格爾哲學的批判在馬克思的思想歷程中是至關重要的。下面我們就詳細考察一下馬克思批判和超越黑格爾哲學的過程，通過對這一過程的考察，揭示馬克思哲學是如何實現哲學主題轉換並最終確立新的哲學主題的。

馬克思對黑格爾哲學的批判，走過了一條由表及裏、逐漸深入的過程。孫伯鍨先生等認為，馬克思在起思想成長歷程中對黑格爾哲學的批判主要有五次，它們依次體現在如下文本中：《黑格爾法哲學批判》；《1844 年經濟學哲學手稿》中的「對黑格爾的辯證法和整個哲學的批判」；《神聖家族》；《黑格爾現象學的結構》；《關於費爾巴哈的提綱》和《德意志意識形態》。[1]

馬克思首先批判的是黑格爾的法哲學。通過對黑格爾法哲學的批判，馬克思發現黑格爾「法哲學」的根據在其「邏輯學」，「整

1　參見孫伯鍨等：《體系哲學還是科學的革命的方法論》，載《天津社會科學》1997 年第 6 期。

個法哲學只不過是對邏輯學的補充。」[1] 然後，在《1844 年經濟學哲學手稿》的「對黑格爾的辯證法和整個哲學的批判」一節中，進一步對「黑格爾的整個辯證法，特別是《現象學》和《邏輯學》中有關辯證法的敍述」進行了分析和批判，把對黑格爾哲學的批判由「法哲學」深入到「邏輯學」以及「黑格爾哲學的誕生地」的「現象學」之中。

在《1844 年經濟學哲學手稿》中，雖然馬克思又一次揭露了黑格爾哲學對主詞和賓詞關係的顛倒，但這次對黑格爾哲學的批判與以前的法哲學批判不同，這次批判是服務於政治經濟學批判的。

首先，從文本的形式看，在馬克思原初的筆記本（「第三筆記本」）中，批判黑格爾哲學的三部分內容是分散在政治經濟學批判的內容之中的，只是在筆記臨近結尾的「序言」（第 38-41 頁）中，馬克思才意識到它們之間的相關性和重要性，並把它們看作是計劃中的「本著作的最後一章」。於是，編者按照馬克思的這一提示，把它們調在一起，合併為一個相對獨立的文本，這就是我們所看到的「對黑格爾的辯證法和整個哲學的批判」一節。因此，如果不注意這點，就很容易誤認為這一文本是馬克思批判黑格爾哲學的、獨立於政治經濟學批判的一個獨立的文本。[2]

其次，從這一文本的內容來看，馬克思在這裏展開的是一種雙重的批判：既是對黑格爾哲學的批判，又是對費爾巴哈哲學的批

1　《馬克思恩格斯全集》第 1 卷，人民出版社 1956 年版，第 264 頁。
2　參見：張一兵：《回到馬克思》，江蘇人民出版社 1999 年版，第 213-214 頁。

判。既是以費爾巴哈的人本學的唯物主義批判黑格爾的思辨的唯心主義，又是以黑格爾的辯證法的歷史性克服費爾巴哈的人本學的直觀性和抽象性。這種雙重批判的成果是「現實的人」。如前文所述，「現實的人」正是馬克思第一次進入到對政治經濟學的批判性研究的「邏輯入口」或「哲學基點」。

最後，從這一文本的主旨來看，馬克思對黑格爾哲學的批判，所針對的主要不是其唯心主義的「思辨的幻想」，而主要是在這種「思辨的幻想」中所隱藏着的「國民經濟學家的立場」。馬克思指出，「黑格爾站在現代國民經濟學家的立場上。他把勞動看作人的本質，看作人的自我確證的本質；他只看到勞動的積極方面，沒有看到它的消極方面。」但是，由於「黑格爾惟一知道並承認的勞動是抽象的精神勞動」，[1] 馬克思指出，「人的本質，人，在黑格爾看來＝自我意識。」[2] 所以，人的本質的一切異化也就是自我意識的異化，異化的揚棄也就不是實際地去改變客觀對象，而只是返回自身達到自我意識的抽象的思辨的過程，這樣就把一切消融在意識的絕對運動之中。因此，在黑格爾的「現象學」（精神現象學）中，儘管有不同的意識環節的產生和消滅，但是這種產生和消滅的運動，都只不過是意識自我展現的環節，並非真的產生和消滅，這些環節都停留於意識領域之內，並沒有觸及到現實事物的實際運動。因

1　馬克思：《1844 年經濟學哲學手稿》，人民出版社 2000 年版，第 101 頁。
2　馬克思：《1844 年經濟學哲學手稿》，人民出版社 2000 年版，第 103 頁。

此，馬克思指出，在「現象學」的批判的外表下潛藏着「黑格爾晚
期著作的那種非批判的實證主義」。[1]「現象學」的批判主義，是一種
「虛假的實證主義」或「虛有其表的批判主義」。馬克思認為，黑格
爾哲學的這種非批判主義，其根源就在於黑格爾哲學混淆了對象化
和異化，把對象化、異化看作是意識實現自己的形式，「它在自己的
異在本身中就是在自身。」[2] 從而消除了「異化」對意識的否定性。也
正因如此，黑格爾不可能看到「勞動」消極的方面，不可能真正批
判地看待現實，黑格爾哲學只不過是資產階級意識形態的思辨表達。

　　當然，在《1844 年經濟學哲學手稿》中，馬克思已經意識到
黑格爾的這種非批判的「國民經濟學家的立場」是與其思辨唯心主
義密不可分的。馬克思深刻地指出，「整整一部《哲學全書》不過
是哲學精神的展開的本質，是哲學精神的自我對象化」。所以黑格
爾「只是為歷史的運動找到抽象的、邏輯的、思辨的表達」。[3] 然而
在《手稿》中，馬克思並沒有系統深入地展開對黑格爾的這種「思
辨唯心主義」的批判，這一批判是在《神聖家族》中進行的。

　　《神聖家族》的主要任務是批判「布魯諾‧鮑威爾及其夥伴」
的「思辨唯心主義」的實質。在「序言」（寫於 1844 年 9 月）中，
馬克思指出，「在德國，對真正的人道主義說來，沒有比唯靈論即

1　馬克思：《1844 年經濟學哲學手稿》，人民出版社 2000 年版，第 99 頁。
2　馬克思：《1844 年經濟學哲學手稿》，人民出版社 2000 年版，第 109 頁。
3　馬克思：《1844 年經濟學哲學手稿》，人民出版社 2000 年版，第 98、97 頁。

思辨的唯心主義更危險的敵人了。」在鬥爭的策略上，馬克思把「布魯諾·鮑威爾及其夥伴」歸結為黑格爾哲學的支脈。因此，對布魯諾·鮑威爾等人的批判，也就歸結為對黑格爾的思辨唯心主義的揭露和批判。

在《神聖家族》中，馬克思集中批判黑格爾的思辨唯心主義的地方主要有兩處。

在第一處，即「思辨結構的祕密」（第五章的第 2 節）中，馬克思以「果實」這一抽象概念為例，揭露出思辨哲學結構的祕密。馬克思指出，黑格爾的思辨唯心主義在認識論上的根源，就在於顛倒了個別與一般的關係，並使一般脫離個別、脫離具體的事物成為獨立的實體性的東西，又把實體化了的一般主體化，從中「奇跡」般地重新「創造」出個別的、具體的事物。「這種方法，用思辨的話說，就是把實體了解為主體，了解為內部的過程，了解為絕對的人格。這種了解方式就是黑格爾方法的基本特徵。」[1] 在這裏，馬克思着重剖析了黑格爾的思辨唯心主義的認識論的根源，即着重從人類認識過程（從感性具體到理性抽象再到理性具體的辯證過程）的角度，剖析黑格爾的思辨唯心主義的根源和祕密。

而在第二處，即「絕對批判的思辨循環和自我意識的哲學」（第六章的第 3 節的「f」小節）中，馬克思又着重展現了黑格爾思辨唯心主義的哲學史根源。馬克思深刻地指出，「在黑格爾的體系中

1　《馬克思恩格斯全集》第 2 卷，人民出版社 1957 年版，第 75 頁。

有三個因素：斯賓諾莎的實體，費希特的自我意識以及前兩個因素，在黑格爾那裏的必然的矛盾的統一，即絕對精神。」馬克思的這種理解揭示了黑格爾哲學的哲學史根源，並將之視為舊形而上學的集大成者或最高峰。在黑格爾之後，施特勞斯、鮑威爾都僅僅抓住了黑格爾哲學的一個因素，「都只是代表了黑格爾體系的一個方面」，因而「都繼續停留在黑格爾思辨的範圍內。」他們都沒有超越黑格爾的思辨哲學。相比而言，「只有費爾巴哈才是從黑格爾的觀點出發，結束和批判了黑格爾的哲學。費爾巴哈把形而上學的絕對精神歸結為『以自然為基礎的現實的人』。從而完成了對宗教的批判。同時也巧妙地擬定了對黑格爾的思辨以及一切形而上學的批判的基本要點。」[1] 在馬克思看來，對「黑格爾的思辨」的批判也就是對「一切形而上學」的批判。

然而，僅僅揭露黑格爾哲學的思辨唯心主義或神祕主義，或從各個方面（認識論方面和哲學史方面）揭露其思想根源，並不足以構成對黑格爾哲學的真正超越。要真正批判性地超越黑格爾哲學，必須真正地理解它，充分認識到以顛倒的形式隱藏在它的神祕外殼之中的現實性內容。

在《黑格爾法哲學批判》以及《1844 年經濟學哲學手稿》中，馬克思就已經感受到黑格爾哲學的巨大歷史感和現實感，並指出其唯心主義是對現實關係的顛倒，是對現實事物的抽象的表達。但

1　《馬克思恩格斯全集》第 2 卷，人民出版社 1957 年版，第 177 頁。

是，無論是在《黑格爾法哲學批判》中，還是在《手稿》中，馬克思都沒有致力於發掘黑格爾哲學「神祕」的外殼之中的真實的內容，馬克思所着力批判的是黑格爾顛倒主詞與謂詞的神祕主義，以及混淆對象化和異化的「虛有其表的批判主義」或保守主義。在《神聖家族》中，馬克思在揭露黑格爾哲學的思辨唯心主義的同時也指出，其在其神祕的形式之中有着現實性的內容。馬克思指出，與布魯諾‧鮑威爾等人思想的極度貧乏相對照，「黑格爾常常在思辨的敍述中作出把握住事物本身的、真實的敍述。」[1]黑格爾哲學中的三個因素——「斯賓諾莎的實體」、「費希特的自我意識」以及「絕對精神」——也只不過分別是形而上學地改裝了的「脫離人的自然」、「脫離自然的精神」以及「現實的人和現實的人類」。因此，馬克思認為，黑格爾的「現象學儘管有其思辨的原罪，但還是在許多方面提供了真實地詳述人類關係的因素。」[2]然而在《神聖家族》中，馬克思仍然沒有深入具體地闡述黑格爾哲學所包含的現實性內容。

　　只有根本超越了費爾巴哈的抽象的人本學，站在「現實的人及其歷史發展」的實踐立場上，才能深刻地認識到黑格爾哲學的現實性內容，也才能真正超越黑格爾哲學。馬克思把費爾巴哈理解為黑格爾哲學的餘脈，進而把對費爾巴哈的批判和超越歸結為對黑格爾哲學，歸結為對以黑格爾為集大成者的整個近代哲學的批判和超

1　《馬克思恩格斯全集》第 2 卷，人民出版社 1957 年版，第 76 頁。
2　《馬克思恩格斯全集》第 2 卷，人民出版社 1957 年版，第 246 頁。

越。因此，在馬克思哲學誕生的最後，必然是對費爾巴哈和黑格爾的雙重超越。

雖然馬克思一開始就對費爾巴哈的思想有所保留，但是，只是在《關於費爾巴哈的提綱》和《德意志意識形態》中，才展開對費爾巴哈的系統批判，也即馬克思自己所說的清算「從前的哲學信仰」。

在《關於費爾巴哈的提綱》和《德意志意識形態》中，馬克思把費爾巴哈歸入舊唯物主義的行列，集中批判了其脫離實踐或社會歷史的直觀性和抽象性。「從前的一切唯物主義（包括費爾巴哈的唯物主義）的主要缺點是：對對象、現實、感性，只是從客體的或者直觀的形式去理解，而不是把它們當作感性的人的活動，當作實踐去理解，不是從主體方面去理解。」[1]「費爾巴哈對感性世界的『理解』，一方面僅僅局限於對這一世界的單純的直觀，另一方面僅僅局限於單純的感覺。」[2] 無論對「世界」還是對「人」，費爾巴哈都不能從其現實的歷史的本來面目去理解。因此，雖然費爾巴哈強調「自然」和「人」，但是在費爾巴哈的哲學中，「自然」和「人」都是抽象的。正是由於費爾巴哈脫離了現實世界的真實基礎——「實踐」，所以無法理解現實事物，無法進入現實的社會歷史領域。「當費爾巴哈是一個唯物主義者的時候，歷史在他的視野之外；當他去探討歷史的時候，他不是一個唯物主義者。在他那裏，唯物主義和

1　《馬克思恩格斯選集》第 1 卷，人民出版社 1995 年版，第 54 頁。

2　《馬克思恩格斯選集》第 1 卷，人民出版社 1995 年版，第 75 頁。

歷史是彼此完全脫離的。」¹

　　在《關於費爾巴哈的提綱》和《德意志意識形態》中，馬克思把對費爾巴哈的批判歸結為對黑格爾哲學的批判。

　　首先，馬克思對照黑格爾哲學的現實性，深刻地揭露了費爾巴哈的人本學的抽象性和直觀性。在《關於費爾巴哈的提綱》的「第一條」中，馬克思在指出了舊唯物主義以及費爾巴哈的唯物主義的直觀性之後，立即指出，「和唯物主義相反，能動的方面卻被唯心主義抽象地發展了，當然，唯心主義是不知道現實的、感性的活動本身的。」²人們通常從認識論的角度，把馬克思在這裏所說的「能動的方面」理解為主體或思維的主觀能動性。其實，聯繫上下文可以看出，馬克思所說的「能動的方面」指的是「對象、現實、感性」的能動方面，即其作為感性活動所具有的實踐性、歷史性，³是與舊唯物主義從「客體的或者直觀的形式去理解」相對照的。舊唯物主義從「客體的或者直觀的形式」去理解「對象、現實、感性」，當然就把它們看作是僵死的，看作是「某種開天闢地以來就已存在的、始終如一的東西」；唯心主義（即黑格爾哲學）從事物的能動的方面或主體的方面去理解事物，當然也就具有了歷史性、現實性的內容。當然馬克思沒有忘記提醒注意，這些現實的內容或事物的能動的方面，都

1　《馬克思恩格斯選集》第 1 卷，人民出版社 1995 年版，第 78 頁。
2　《馬克思恩格斯選集》第 1 卷，人民出版社 1995 年版，第 54 頁。
3　參見肖前、李淮春、楊耕主編：《實踐唯物主義研究》，中國人民大學出版社 1996 年版，第 75-76 頁。

是包含在其抽象的唯心主義的形式之下的。因此，與黑格爾相比，費爾巴哈的致命缺陷正在於其缺乏社會歷史性的現實內容。正如馬克思後來所説，「和黑格爾比起來，費爾巴哈是極其貧乏的。」[1]

　　其次，馬克思把費爾巴哈的抽象的人本主義的抽象性和直觀性，歸結為其理論主義，並把這種理論主義追溯到黑格爾哲學。馬克思一針見血地指出，費爾巴哈「和其他的理論家一樣，只是希望確立對存在的事實的正確理解。」[2]這種理論主義的立場，是青年黑格爾派和老年黑格爾派所共有的，其更為深刻的根源在於黑格爾哲學。[3]「德國的批判，直至它最近所作的種種努力，都沒有離開過哲學的基地……它談到的全部問題，終究是在一定的哲學體系即黑格爾體系的基地上產生的。不僅是它的回答，而且連它所提出的問題本身，都包含着神祕主義。」[4]老年黑格爾派對黑格爾哲學的理論主義的繼承是比較容易理解的，他們認為，任何事物，只要把它歸入某種黑格爾的邏輯範疇，都是可以理解的，而只要達到了對事物的理解，也就萬事大吉了。青年黑格爾派雖然宣揚「批判一切」，實際上卻和老年黑格爾派一樣，沒有超越黑格爾哲學

1　《馬克思恩格斯全集》第 16 卷，人民出版社 1964 年版，第 28 頁。

2　《馬克思恩格斯選集》第 1 卷，人民出版社 1995 年版，第 96 頁。

3　雖然在此之前，馬克思就已經批判過青年黑格爾派的理論主義立場，但是在當時，馬克思只是藉助費爾巴哈的唯物主義批判青年黑格爾派，力圖擺脱思辨哲學的藩籬；而現在馬克思則把批判矛頭指向費爾巴哈，並把對費爾巴哈的批判歸結為對黑格爾哲學的批判。

4　《馬克思恩格斯選集》第 1 卷，人民出版社 1995 年版，第 64 頁。

的理論主義，他們同樣「認為宗教、概念、普遍的東西統治着現存世界。」而這正是黑格爾哲學的基本觀念：「黑格爾本人在《歷史哲學》的結尾承認，他『所考察的僅僅是一般概念的前進運動』，他在歷史方面描述了『真正的神正論』。現在又可以重新回覆到『概念』的生產者，回覆到理論家、玄想家和哲學家，並作出結論說：哲學家、思想着的人自古以來就是在歷史上佔統治地位的。這個結論，如我們所看到的，早就由黑格爾表述過了。」[1]在揭露黑格爾哲學以及黑格爾學派的理論主義的基礎上，馬克思進一步揭示出思辨的「全部戲法」。正是由於這種源於黑格爾哲學的理論主義立場，費爾巴哈不可能真正理解現實的事物，他「承認現存的東西同時又不了解現存的東西」。因此，和黑格爾的思辨哲學一樣，他只能把歷史看作是觀念、思想的歷史，滿足於「從人的概念、想像中的人、人的本質、一般人中引伸出人的一切關係。」[2]也只是「在每個時代中尋找某種範疇」。[3]

　　因此，在《關於費爾巴哈的提綱》和《德意志意識形態》中，馬克思對費爾巴哈的抽象的人本主義的批判與對黑格爾的現實性的理解，是緊密相聯的。[4]只有真正理解了黑格爾哲學的現實性內容，

1　《馬克思恩格斯選集》第 1 卷，人民出版社 1995 年版，第 101 頁。

2　《馬克思恩格斯選集》第 1 卷，人民出版社 1995 年版，第 101 頁。

3　《馬克思恩格斯選集》第 1 卷，人民出版社 1995 年版，第 92 頁。

4　當然，在《關於費爾巴哈的提綱》和《德意志意識形態》中，直接呈現出來的是對費爾巴哈的批判，而對黑格爾哲學的現實性的理解以及在此理解的基礎上所實現的對黑格爾哲學乃至整個近代哲學的超越的內在邏輯則是隱含的。

才能實現對費爾巴哈哲學的抽象性、直觀性的揭露和批判；而一旦理解了黑格爾哲學的現實性內容，也就根本上超越了黑格爾哲學，進而超越了整個近代哲學。

　　馬克思在《提綱》的第一條中，指出了舊唯物主義（費爾巴哈）的直觀性和唯心主義（黑格爾）的現實性之後，接着就在第二條中從實踐的觀點出發，揭明了黑格爾哲學以及近代哲學的主題及其理論主義的局限。馬克思指出，「人的思維是否具有客觀的真理性，這不是一個理論的問題，而是一個實踐的問題。人應該在實踐中證明自己思維的真理性，即自己思維的現實性和力量，自己思維的此岸性。關於思維──離開實踐的思維──的現實性或非現實性的爭論，是一個純粹經院哲學的問題。」[1] 這段話表明，一方面馬克思在理解黑格爾的現實性的內容基礎上，準確地捕捉到了黑格爾哲學的主題，「人的思維是否具有客觀的真理性」的問題，這個問題也是以黑格爾為集大成者的整個近代哲學的主題：「思想的客觀性問題」。另一方面，馬克思又深刻地認識到這一哲學主題脫離「實踐」的抽象性、虛假性，因而必然要被超越。所以在《關於費爾巴哈的提綱》的其餘幾條中，馬克思緊緊扣住新的哲學主題來批判費爾巴哈，費爾巴哈仍然停留在舊哲學或黑格爾哲學主題的範圍之內。「費爾巴哈的工作是把宗教世界歸結於它的世俗基礎。他沒有注意

1　《馬克思恩格斯選集》第 1 卷，人民出版社 1995 年版，第 55 頁。

到，在做完這一工作之後，主要的事情還沒有做。」[1]費爾巴哈不理解人的本質，在其現實性上，是「一切社會關係的總和」，因而不可能對這種的現實的本質進行批判。總之，費爾巴哈根本沒有涉及現實存在本身，也沒有想去實際地改變事物的現存狀況，「和其他理論家一樣，只是希望確立對存在的事實的正確理解，然而一個真正的共產主義者的任務，卻在於推翻這種存在的東西。」[2]

在《關於費爾巴哈的提綱》的行文中，馬克思循着批判費爾巴哈以及以黑格爾為代表的整個近代哲學的思路，把自己的新的哲學主題表達為：「革命的實踐」中「環境的改變和人的活動或自我改變的一致性」；排除「世俗基礎」本身的矛盾，「在實踐中使之革命化」；對人的「現實的本質」進行批判；從「實踐」出發理解社會生活以及人的本質，以「人類社會或社會的人類」為立足點，超越性地看待現實世界。最後在「第十一條」中，鮮明、乾脆地把這個新的哲學主題展現出來：「哲學家們只是用不同的方式解釋世界，問題在於改變世界。」[3]這樣就明確地把新的哲學主題標識為「改變世界」，以與舊的哲學主題「解釋世界」相對立。新的哲學主題的確立，是對費爾巴哈和黑格爾的雙重超越和批判的結晶。

在《德意志意識形態》中，「改變世界」的新哲學主題獲得了

1　《馬克思恩格斯選集》第 1 卷，人民出版社 1995 年版，第 59 頁。

2　《馬克思恩格斯選集》第 1 卷，人民出版社 1995 年版，第 96-97 頁。

3　《馬克思恩格斯選集》第 1 卷，人民出版社 1995 年版，第 56-57 頁。

更為詳盡的表達和闡釋：「實際上，而且對實踐的唯物主義者即共產主義者來說，全部問題都在於使現存世界革命化，實際地反對並改變現存的事物。」¹ 這樣就實現了哲學主題由「解釋世界」到「改變世界」的根本轉換，也就完成了對「從前的哲學信仰」的清算。在此之後，馬克思便投入到探討和解答新的哲學主題的更為迫切和重要的工作中去了。因此，即使《德意志意識形態》未能如願出版，馬克思並不感到遺憾，因為他已經達到了「主要的目的——自己弄清問題」。²

我們從四個方面，即「新的哲學旨趣的明確」、「新的哲學視野的開拓」、「新的哲學基點的奠定」和「新的哲學主題的確立」，簡略地考察了馬克思實現哲學主題轉換的理論歷程。最後應當提醒注意，以上四個方面在馬克思的思想發展過程中並不是嚴格區分的四個階段，而是相互交織、緊密關聯的四個方面。通過以上考察我們可以斷言，青年馬克思思想發展的過程，就是新的哲學主題逐漸明確並最終確立的過程。在此過程中，新的哲學主題實際上一直或隱或顯地制導着馬克思的思想發展，制導着馬克思對黑格爾和費爾巴哈的批判。

---

1 《馬克思恩格斯選集》第 1 卷，人民出版社 1995 年版，第 75 頁。
2 《馬克思恩格斯選集》第 2 卷，人民出版社 1995 年版，第 34 頁。

❖ 第三章 ❖

「改變世界」：
馬克思哲學的主題

　　本章將集中探討作為馬克思哲學的主題的「改變世界」的具體內容。在討論具體內容之前，我們應當首先考察一下「改變世界」作為一個哲學問題，是如何進入馬克思哲學的視野之中的。

第一節　「改變世界」作為馬克思哲學的問題

　　眾所周知，馬克思曾把哲學看作是「時代精神的精華」，哲學與人類社會歷史發展、與時代是緊密聯繫在一起的，任何哲學的都具有時代性的內容。孫正聿先生認為，哲學總是以時代性的內容、民族性的形式、個體性的風格，去求索人類性的問題，[1]並指出，「哲學的自我追問，總是以哲學問題的轉換而獲得時代性的特徵」。[2]「改變世界」作為馬克思哲學的主題，具有強烈的時代性；「改變世界」問題的提出，同樣表徵了時代的轉換。在資本主義生產條件

1　參見孫正聿：《哲學修養十五講》，北京大學出版社 2004 年版，第 17 頁。
2　孫正聿《哲學通論》，遼寧人民出版社 1991 年版，第 221 頁。

下，尤其是在機器大工業生產以及資本主義工廠制度的條件下，人類改造世界的能力，即社會生產力獲得了空前的發展。「資產階級在它的不到一百年的階級統治中所創造的生產力，比過去一切世代所創造的全部生產力還要多，還要大。」[1] 面對資本主義生產的巨大發展，近代哲學只看到了理性對自然的征服，只看到了對世界的改變，並為這種征服或改變所折服，傾其全力來說明和讚美理性的這種巨大力量，而根本沒有質疑這種征服或改變的合法性，沒有意識到「改變世界」本身是成問題的。因此，「改變世界」對近代哲學而言是不成其為問題的，更不可能成為其哲學主題。「改變世界」問題的提出表明，在馬克思所生活的時代，隨着人類改變世界的能力的增強或生產力的發展，人類不再一味崇拜自身的理性力量，不再任由這種力量的盲目發揮，而是開始逐漸反思這種力量及其運用，也就是反思自身改變世界的能力以及對世界的改變。

這是馬克思提出和確立「改變世界」的哲學主題的社會歷史背景。明確這一社會歷史背景，對於我們理解馬克思哲學的「改變世界」的哲學主題具有重要意義，然而，我們在此僅僅是從純學理的角度，考察馬克思哲學如何提出「改變世界」問題並把它作為哲學主題的。從純學理的角度看，馬克思哲學之所以能夠提出「改變世界」的問題，與馬克思哲學對世界的獨特理解有直接關係。

---

1 《馬克思恩格斯選集》第 1 卷，人民出版社 1995 年版，第 277 頁。

一、馬克思哲學的「世界」概念

「世界」概念是哲學理論的核心概念之一，對於馬克思哲學而言，「世界」概念更是至為關鍵的。馬克思哲學在斷言：「哲學家們只是用不同方式解釋世界，問題在於改變世界」，實現哲學主題轉換的同時，也就賦予了「世界」概念以全新的內涵。恩格斯曾明確宣稱：馬克思哲學「不再是哲學而只是世界觀」。[1] 由此可見「世界」概念在馬克思哲學中的地位。

然而，如何理解和揭示馬克思哲學的「世界」概念的全新內涵，仍然是一個問題。自從教科書哲學改革以來，「實踐」被確定為馬克思哲學的核心範疇，「世界」概念也相應地從「實踐」的角度來理解，即把「世界」理解為在實踐基礎上所建構的主客體相統一或人與自然相統一的屬人世界。這種理解雖然大大超越了傳統教科書從物質統一性角度把世界理解為包括「自然」、「社會」和「思維」的整體的觀點，但是由於對馬克思哲學的「世界」概念缺乏集中深入的思考，對「實踐」概念的理解也存在很大分歧，而且沒有把「實踐」和「世界」這兩個核心概念，與馬克思哲學的主題──「改變世界」聯繫起來理解，因此，馬克思哲學的「世界」概念仍然是晦暗不明的。

隨着哲學的歷史演進，世界概念的具體內涵也是不斷演化的，

1　《馬克思恩格斯全集》第 20 卷，人民出版社 1971 年版，第 151 頁。

也大致經歷了古代哲學的樸素的世界概念、近代哲學的抽象的世界概念與現代哲學的現實的世界概念三個不同階段。因此，為了更好地理解馬克思哲學的世界概念，我們應當首先考察一下古代哲學、近代哲學和現代哲學的世界概念。

古代哲學的樸素的世界概念。 古代哲學對世界的看法是非常樸素的，正如恩格斯所說，「當我們深思熟慮地考察自然界或人類歷史或我們自己的精神活動的時候，首先呈現在我們眼前的，是一幅由種種聯繫和相互作用無窮無盡地交織起來的畫面，其中沒有任何東西是不動的和不變的，而是一切都在運動、變化、產生和消失。這個原始的、樸素的但實質上正確的世界觀，是古希臘哲學的世界觀，而且是由赫拉克利特第一次明白地表述出來的：一切都存在，同時又不存在，因為一切都在流動，都在不斷地變化，不斷地產生和消失。」[1]恩格斯的這段話揭示了古代哲學的「世界」概念的兩層內容：

首先，對古代哲學來說，世界就是一切存在物的總體或宇宙總體，無所不包，神靈和人的靈魂也是其一部分。古代哲學沒有關於獨立於世界之外的「意識」觀念，而只有「靈魂」的觀念，「意識」以一種朦朧的形式附着於「靈魂」。古代早期「自然哲學家」只是意識到靈魂有一些不同於物質事物的獨特性，比如它是不可感知的，並賦予它能動的、不滅的性質，但是仍然把靈魂看作是物質

---

1 《馬克思恩格斯全集》第 20 卷，人民出版社 1971 年版，第 23 頁。

性的，「希臘生活和希臘精神的靈魂是實體。」[1]它與物質性存在是同根同源的，是由同樣的元素組成的，它與整個世界具有本原的一致性。比如，德謨克利特把靈魂看作是原子構成的，只是這些原子更為精細罷了。葉秀山先生指出，「在人類思想的初期，由於難於區別精神和物質，常常把精神性的東西想像成物質性的東西。」[2]意識到靈魂的獨特性卻又必須把靈魂理解為物質性的東西，這是古代早期「自然哲學家」在尋求世界的統一性、把豐富多彩的事物（「多」）歸結為單一的物質性的「本原」（「一」）時所遇到的最大障礙。

柏拉圖的「理念論」雖然改變了尋求世界的統一性的思路，但是仍然把世界看作是宇宙總體，所不同的是，它在可感的自然世界之上又設想了一個理念的世界，而且在柏拉圖看來，這個理念的世界不僅是實的，而且比可感的自然世界更具有實在性。這樣「世界」就被分裂為「可見世界」（感性世界）和「可知世界」（理念界）。亞里士多德反對理念與事物的分離，力圖彌合了柏拉圖造成的世界分裂。總之，古代哲學所理解的世界，就是一切存在物的總體。

其次，對古代哲學來說，世界是流變的，流變是世界的根本特性。赫拉克利特的「一切皆流，無物常駐」的觀念，是對這一特性最典型的表述。流變對於古代哲學的「世界」概念具有兩個層次的

1　《馬克思恩格斯全集》第 40 卷，人民出版社 1982 年版，第 63 頁。

2　葉秀山：《前蘇格拉底哲學研究》，人民出版社 1982 年版，第 100 頁。

意義：一個是現象層次的意義，一個是本原層次的意義。現象層次的流變容易理解，本原層次上的流變卻不易把握。古代哲學的「本原」概念的本意，就是萬物由之產生又復歸於它的東西。關於「本原」，柏拉圖說得非常清楚，「唯有自身運動，而又不失去自己，永遠不會停止運動，而對那些運動的東西來說，則是源泉和始基。」[1]雖然本原自身是不變的、永恆的，但它必須內在地包含有變化的因素，它必須轉化為具體事物。因此，本原自身必須是一種能動性的存在。如何把變動不居的流變世界歸結為永恆的固定的本原，或者說，如何在永恆固定的本原（「靜」）之中加入流動、能動的因素（「動」），這是古代哲學所遇到的最大的思想難題。這一難題也貫穿於哲學此後的歷史發展之中，構成了辯證法思想的歷史演進。赫拉克利特以「永恆的活火」表明本原的流動性或能動性。「火」就像跳躍着活的生命，「一切轉為火，火又轉為一切，有如黃金換成貨物，貨物又換成黃金。」[2]柏拉圖後期的「通種論」，同樣也是對世界本原（理念）的流動性的探討。總之，古代哲學試圖通過本原的流動性來說明事物現象層面的流動，因而在一定意義上超出了現象層面的流動。但是在思維方式上，仍然沒有超越現象層面的流動，而只不過是以現象層面的流動類比本原的流動，這是古代辯證

---

1 轉引自葉秀山：《前蘇格拉底哲學研究》，人民出版社 1982 年版，第 98 頁。
2 轉引自《西方哲學原著選讀》（上），北京大學哲學系外國哲學教研室編譯，商務印書館 1981 年版，第 21 頁。

法的素樸性之所在。一旦人們試圖跳出這種類比，超越這種素樸的
辯證法時，就必然陷入否定運動、否定流變的形而上學之中。

總之，古代哲學對世界的理解，是非常樸素的。世界是一個沒
有分化的、無所不包的總體。在這種世界概念中，雖然朦朧地意識
到人的意識（靈魂）與其他自然物的不同，但是人的意識（靈魂）
仍然被看作是世界的一部分。自覺到意識與世界的對立，並在此基
礎上形成獨立的意識觀念，把意識從世界之中分裂出來，確立為世
界之外或世界之上的獨立的「主體」，則是近代哲學的事。

近代哲學的抽象的世界概念。近代哲學以「思想的客觀性問
題」為哲學主題，它所直接面對的不再是「世界」自身，而是關於
世界的「思想」，是「意識界」。在近代，直接面對世界並具體地
研究世界的，是自然科學，而近代哲學的任務，則是反思科學對世
界的「解釋」或關於世界的「思想」，追尋這種「解釋」或「思想」
的客觀性的根據。因此嚴格地講，近代哲學並沒有自己的世界概
念，它所考察的只是關於世界的思想，或者說，近代哲學的世界概
念的確切所指是「意識界」，是對真實的「世界」或科學的「世界」
的抽象和反思。這就決定了近代哲學的「世界」概念必然是抽象的。

首先，近代哲學在自然科學對世界的理解的基礎上，形成了
「意識」與「世界」、「主體」與「客體」的二元分裂。近代自然科
學是以如下三個信念為基礎的：其一，世界是獨立於人的意識之外
的客觀存在；其二，世界有其自身內在的客觀規律；其三，人們相
信，世界與人的意識具有同構性，即恩格斯所說的「我們的主觀的

思維和客觀的世界遵循同一些規律」。[1] 雖然世界在近代哲學中被看作是外在於人的意識的客觀存在，但是，人憑其理性能力完全可以揭示世界的內在規律，進而征服進界，使之為人所用。這樣，世界與人就分裂開來、對立起來，成為人的認識和征服的對象，人也僅僅從功用性來理解和對待世界。近代自然科學的繁榮與巨大的實際效用，更加強化了這種人與世界的二元對立結構。這種二元結構反映在近代哲學中，就是「主—客二元對立」的格局，就是「思維」與「存在」抽象對立。

其次，在這種「主—客二元對立」的格局中，世界被抽象化為空洞的思想客體。近代哲學所關注的，只是關於世界的思想的客觀性基礎問題。世界作為思想對象進入哲學反思時，被抽掉了所有具體的內容，而只是作為思想對象或客體而存在。笛卡兒認為，「全宇宙只有一種同樣的物質，我們認識物質只憑它有廣延。」[2] 世界的萬事萬物被抽象為「一種同樣的物質」，世界的豐富多彩被抽象為「廣延」。康德更為徹底，他認為，作為意識之外的客觀存在的世界，就是「物自體」，對於它，我們雖然可以設定其存在，但是我們不可能對它有任何判定。正如黑格爾所指出的，「物自體」是一個「極端抽象，完全空虛的東西」，[3] 黑格爾力圖賦予「物自體」

---

1 《馬克思恩格斯選集》第 4 卷，人民出版社 1995 年版，第 364 頁。

2 轉引自《西方哲學原著選讀》（上），北京大學哲學系外國哲學教研室編譯，商務印書館 1981 年版，第 381-382 頁。

3 黑格爾：《小邏輯》，商務印書館 1980 年版，第 125 頁。

以具體的內容，在思想中再現事物的豐富性或現實性，但是黑格爾的努力仍然停留在思想的範圍內，他所達到的也僅僅是關於世界的具體性或現實性的觀念。對於黑格爾來說，世界作為存在的本質特性都是思維所規定和賦予的。

　　我們應該看到，對世界的抽象化理解也存在於近代自然科學之中。在近代自然科學中，世界被看作是人類認識和改造的對象。人們關心的是構成自然物的成分、隱蔽在自然之中的規律，以及它們的實用價值。世界在科學的眼光中失去了其千姿百態的自然形象，更失去了其詩情畫意的人文意蘊。近代哲學對世界的抽象理解，可以看作是對自然科學對世界的抽象理解的哲學反映。與世界的抽象化相對應的是人的抽象化。在自然科學中，人自視為高踞於世界之上的自然的主人；在近代哲學中，人是與作為客體的世界相對的主體，而主體的本質屬性則是理性。實際上，近代哲學並不關心作為人的人，而只關心作為理性主體的人，人被理解為抽象的理性主體。

　　費爾巴哈猛烈批判了思辨哲學對世界和人的抽象，要求恢復現實的、感性的自然和自然的人，並力圖實現人與自然、思維與存在的統一。但是，由於他脫離了實踐這一現實世界的深刻基礎，脫離了現實世界的社會歷史基礎，而以靜觀的方式看待世界，因而永遠不能理解現實世界，無法實現人與自然、思維與存在的統一。

　　總而言之，近代哲學的世界概念是一種抽象的世界概念。近代哲學自覺到人與世界的對立，把人從世界之中抽象出來，人是世界

之外或世界之上的獨立的「主體」，世界是被認識和改造的對象「客體」。或者說，人被抽象化為獨立的思維主體，世界被抽象化為空洞的思想客體。

現代哲學的現實的世界概念。現代哲學力圖打破「主—客體二元對立」的格局，彌合近代哲學所造成的人與世界、思維與存在的抽象對立，從人與世界的內在關聯出發，把世界理解為現實的世界；力圖超越近代哲學的主體形而上學的抽象的思維方式對人和世界的抽象化理解，展現人和世界的豐富多樣、紛繁複雜甚至莫測神祕的本性。破除近代哲學的世界概念的抽象性，從各個方面充分展現世界的現實性，是現代哲學的一個共同特點。現代哲學的一個口號是「回歸生活世界」，生活世界也就是人所創造並生活於其中的現實世界。在這樣的生活世界或現實世界中，人不再是抽象的無人身的理性的化身，而是有着獨特而豐富的個性的個體性存在或有血有肉的個人；同樣，世界也不再是與抽象的人或思維相對立的、無自身規定的、可以任人擺佈的抽象的物質或抽象的存在，而是現實的人自己創建並實實在在地生活於其中的現實世界，是屬人的世界。這樣的現實世界是千姿百態、豐富多彩的。

當然現代哲學各流派對世界的現實性理解，也存在很大的差異。比如「經驗世界」、「生活世界」、「語言世界」、「文化世界」、「交往世界」等，都是由於對世界的現實性的不同理解而形成的不同的世界觀念，然而，這些不同概念在肯定和強調世界的現實性方面卻是共同的。

　　馬克思哲學的世界概念也是一個現實的世界概念，馬克思哲學從人的感性實踐活動出發，把世界理解為實踐所創造的現實世界。而且與其他現代哲學流派相比，馬克思哲學對世界的現實性理解是最為深刻的，因為它緊緊抓住了現實世界的基礎──實踐。與此相關，由於馬克思哲學是從實踐出發理解現實世界，而實踐總是具體的社會歷史實踐，因此，在馬克思哲學對現實世界的理解中，總是無法剝離其內在的社會歷史性。下面我們就詳細考察馬克思哲學的現實的世界概念。

　　馬克思哲學的現實的世界概念。馬克思哲學立足於實踐來理解人和世界，把人和世界理解為在實踐中一體生成的現實的人和現實的世界，不僅揭示出了人和世界之間的能動的統一和雙向的生成，而且還揭示出了現實的人和現實的世界的豐富的社會歷史性內涵。

　　首先，馬克思哲學在實踐的基礎上，把世界理解為通過實踐向人生成的現實世界，即人自己所創造的世界。馬克思所說的現實世界，當然是建立在自在的自然世界的基礎之上的，然而，自在的自然世界只有通過人的實踐活動，才能生成為對人而言的現實世界。馬克思指出，「被抽象地理解的、自為的，被確定為與人分隔開來的自然界，對人來說也是無」。[1] 只有通過人的實踐的發現、改造，自在的自然世界才能轉化為人們生活於其中的現實世界。實踐作為「調節和控制人與自然之間的物質變換的過程」，也就是自在的

1　馬克思：《1844 年經濟學哲學手稿》，人民出版社 2000 年版，第 116 頁。

自然世界不斷地向屬人世界轉化的過程。因此，現實世界也就是自在的自然世界與屬人世界的辯證統一。在改造自在自然界的實踐基礎上，人們還結成了一定的社會關係，人對自然的關係只有通過一定的社會關係才是可能的，或者說，人們總是在一定的社會關係或社會交往形式中才能進行生產，才能實現對自然的改造。「生產本身又是以個人彼此之間的交往為前提的。這種交往的形式又是由生產決定的。」[1]「一切生產，都是個人在一定社會形式中並借這種社會形式而進行的對自然的佔有。」[2]「人們在生產中不僅僅影響自然界，而且也相互影響。他們只有以一定的方式共同活動和互相交換活動，才能進行生產。為了進行生產，人們相互之間便發生一定的聯繫和關係；只有在這些社會聯繫和社會關係的範圍內，才會有他們對自然界的影響，才會有生產。」[3]生產力和生產關係的有機統一就是具體的社會生產方式。因此，現實世界總是人類在一定的社會關係中所創造的世界，生產方式構成了人的現實世界的深刻基礎。

其次，馬克思哲學在實踐的基礎上，把人理解為現實的人。馬克思反對抽象的人，反對把人變成某種抽象的範疇。不是從「人的概念、想像中的人、人的本質、一般人」中引申出人的一切關係，也就是說，不是從人的觀念來理解人以及人的世界，而是從人的現

1　《馬克思恩格斯選集》第 1 卷，人民出版社 1995 年版，第 68 頁。

2　《馬克思恩格斯選集》第 2 卷，人民出版社 1995 年版，第 5 頁。

3　《馬克思恩格斯選集》第 1 卷，人民出版社 1995 年版，第 344 頁。

實世界來理解人以及人的觀念。現實世界是人的「本質力量」的對象化和表現，人能夠「在他所創造的世界中直觀自身」。[1] 馬克思認為，「人就是人的世界，就是國家，社會。」[2]「人的本質不是單個人所固有的抽象物，在其現實性上，它是一切社會關係的總和。」[3] 這樣，就拋棄了舊哲學對人的本質的種種先驗設定，人就不再是超現實的、超歷史的抽象的存在，而是現實的、歷史的存在。這種現實性的深刻的基礎就是實踐。馬克思指出，「人們生產自己的生活資料，同時間接地生產着自己的物質生活本身。」「個人怎樣表現自己的生活，他們自己就是怎樣。因此，他們是什麼樣的，這同他們的生產是一致的——既和他們生產什麼一致，又和他們怎樣生產一致。因而個人是什麼樣的，這取決於他們進行生產的物質條件。」[4] 在《德意志意識形態》中，馬克思反覆強調，作為新哲學出發點的「現實的人」，不是思辨哲學所由出發的「處於某種虛幻的離羣索居和固定不變狀態中的人」，而是「處在現實的、可以通過經驗觀察到的、在一定條件下進行的發展過程中的人」。[5] 馬克思哲學的世界是現實的世界，馬克思哲學的人是「現實的人」。世界既不是淹沒了人的無所不包的自然，也不是與作為主體的人相對立抽象的客

1　馬克思：《1844 年經濟學哲學手稿》，人民出版社 2000 年版，第 58 頁。

2　《馬克思恩格斯選集》第 1 卷，人民出版社 1995 年版，第 1 頁。

3　《馬克思恩格斯選集》第 1 卷，人民出版社 1995 年版，第 56 頁。

4　《馬克思恩格斯選集》第 1 卷，人民出版社 1995 年版，第 67-68 頁。

5　《馬克思恩格斯選集》第 1 卷，人民出版社 1995 年版，第 73 頁。

體，不是受人主宰、為人所用的材料和能源的倉庫，而就是人通過實踐所創造並生活於其中的現實世界。同樣，人既不是自在自然的普通一員，也不是超絕於萬物之上的世界的主宰或與客體相對的抽象主體，而就是生活於現實世界中的現實的人。馬克思哲學把世界和人理解為是在實踐中一體生成的。人通過實踐創造了和創造着自己現實的世界，並在創造世界的過程中實現自己、肯定自己。人創造環境，同樣環境也創造人。「環境的改變和人的活動或自我改變的一致，只能被看作是並合理地理解為革命的實踐。」[1] 馬克思哲學的現實的世界概念，既超越了古代哲學對世界的理解，也超越了近代自然科學和近代哲學對世界的理解。

第三，人的實踐的歷史性，決定了人的現實世界的歷史性。馬克思哲學立足實踐來理解世界，把實踐引入世界概念之中，就實現了對世界的能動方面的理解，即把世界理解為歷史地發展着的過程。人的實踐能力（生產力）是不斷累積和提高的，與此相適應，人的實踐方式（生產方式）也是不斷發展變化的。「感性世界決不是某種開天闢地以來就直接存在的、始終如一的東西，而是工業和社會狀況的產物，是歷史的產物，是世世代代活動的結果。」[2] 費爾巴哈正是由於不懂實踐，「他從來沒有把感性世界理解為構成這一世界的個人的全部活生生的感性活動。」所以，就不懂得現實世界

---

1 《馬克思恩格斯選集》第 1 卷，人民出版社 1995 年版，第 55 頁。
2 《馬克思恩格斯選集》第 1 卷，人民出版社 1995 年版，第 76 頁。

的歷史性。因而，歷史對費爾巴哈是一個不可企及的領域，他只能
達到對現存的「感性對象」的直觀，並在歷史領域中「重新陷入唯
心主義」。[1] 馬克思指出，「人們自己創造自己的歷史，但是他們並
不是隨心所欲地創造，並不是在他們自己選定的條件下創造，而是
在直接碰到的、既定的、從過去承繼下來的條件下創造。」[2] 人的現
實世界作為人的實踐活動的結果，既是人們的先前的歷史活動的結
果，又是人們的當下的實踐活動的前提，並為人們的當下的實踐活
動所改變着。因此，在馬克思哲學的世界概念中內含着世界的歷史
性發展，即「世界的改變」。這與我們在上文中提到的「現實世界
總是人類在一定的社會關係中所創造的世界，生產方式構成了人的
現實世界的深刻基礎」是一致的。當然，「世界的改變」不是世界
自身的自然流變，既不像古代哲學所理解的自在的自然界或宇宙的
流變那樣，也不像思辨哲學所理解的抽象的絕對精神的運動那樣，
而是通過人的實踐即現實的「改變世界」的活動而實現的歷史發
展。「歷史並不是把人當作達到自己目的的工具來利用的某種特殊
的人格。歷史不過是追求着自己目的的人的活動而已。」[3]

　　因此，對於馬克思哲學的世界概念及其所內含的歷史發展，即
「世界的改變」，都必須從人的「改變世界」的實踐活動去理解。

1　參見：《馬克思恩格斯選集》第 1 卷，人民出版社 1995 年版，第 77-78 頁。

2　《馬克思恩格斯選集》第 1 卷，人民出版社 1995 年版，第 585 頁。

3　《馬克思恩格斯全集》第 2 卷，人民出版社 1957 年版，第 118-119 頁。

二、馬克思哲學的「改變世界」的問題

由於對世界的理解不同，作為「改變世界」的實踐也就有着不同的意涵。既然馬克思哲學的世界是人的現實世界，那麼馬克思哲學的「改變世界」所指的也就是改變人的現實世界。為了更清楚地理解這一點，我們應當從釐清馬克思哲學的「實踐」範疇的多重意涵入手。

實踐的第一層內涵，是指改變自在的自然世界的活動，即物質生產活動。這是實踐的最基本的內涵，也是我們最熟悉的。在這裏，實踐作為「調節和控制人與自然之間的物質變換的過程」，不斷地使自在的自然世界向「屬人世界」或「現實世界」轉化。實踐正是這一轉化過程的基礎和中介，是塑造人的現實世界的感性物質力量。因此，人的現實世界，首先就是在作為物質生產活動的實踐的基礎上形成的自在的自然世界與屬人世界的辯證統一。自在的自然世界有着不可否認的先在性和基礎性，但是，這種先在性和基礎性必須通過感性的物質生產活動，才能轉化為對人而言的現實性。也就是説，只有通過作為生產的實踐的開掘、塑造，自在的自然世界才能轉化為人的現實世界。

實踐的第二層內涵，是指在物質生產活動中所形成的人與人之間的交往活動。這種社會交往活動及其常規性的結果，即一定的交往關係或生產關係，是物質生產得以進行的必然形式。馬克思指出，人們在改變自在的自然、生產和再生產自己的物質生活資料的

同時，也生產和再生產着自己的交往關係或生產關係。生產和交往兩者水乳交融、密不可分。一方面，生產關係的具體形態或內容是由物質生產所決定的；另一方面，人們只能在一定的生產關係中展開改造自然的物質生產活動。馬克思認為，物質生產活動和人際交往活動的有機統一，構成了一定的社會生產方式，它從根本上規定了社會生活各個領域的基本性狀，成為塑造人的現實世界的最直接的因素。現實世界雖然包括社會存在和社會意識等各個方面的紛繁複雜的內容，但是都受到當時一定的社會生產方式的制約和規定，並適應於這種生產方式。因此，現實世界就是人們在一定的社會生產方式中所創造的世界，一定的社會生產方式構成了這一現實世界的現實性的本質內容。也正是在這個意義上，馬克思哲學認為，實踐是現實生活的本質。

實踐的第三層內涵，是指在生產力發展的推動下，創造性地變革社會生產方式的活動。現實中的人並不只是在既定的生產方式中從事生產和交往，而且還在不斷地調整、變革甚至是革命性地變革既有的交往關係或生產關係，從而創造性地變革既定的生產方式，推動歷史的前進。當然，這種變革是在生產力發展的要求和推動下實現的。

實踐的這層內涵，最深刻地體現了實踐作為人的存在方式的內在的否定性和創造性。在實踐的第一層內涵，即改變自在的自然界的活動中，實踐的否定性和創造性，只是體現在否定外部事物（自然世界）的自在狀態，按照事物的客觀規律創造出自然界

中本來沒有的事物。在實踐的第二層內涵，即交往活動中，否定性和創造性僅僅體現在交往範圍的擴大或加深。而在實踐的第三層內涵中，實踐的否定性和創造性體現為實踐的自我否定、自我超越，即否定既定的生產方式或實踐方式，創造新的生產方式或實踐方式。正是在這種實踐方式的自我否定、自我創造中，實現了人類歷史的不斷發展。

在一般意義上，可以籠統地把「實踐」理解為「改變世界」的活動。然而由於馬克思哲學的實踐概念有着不同層次的內涵，所以「改變世界」也就有着不同層次的內涵。從直接經驗的角度看，「改變世界」所指的就是改造自然，改變自然界的自在狀態，變自在的自然世界為屬人世界。然而，這種理解僅僅局限於實踐的第一層內涵，這種「改變世界」的實踐，與其說是「改變世界」，倒不如說是「塑造世界」。如前文中指出的，作為生產的實踐是塑造人的現實世界的感性物質力量。因此，如果僅僅局限於實踐的第一層內涵來理解改變世界，就不可能理解為什麼馬克思哲學會提出改變世界的問題，並把它作為哲學主題。

因為，在馬克思哲學中，生產本身是不成問題的，生產是人的本質力量的體現，是現實世界的基礎和歷史發展的根本推動力，人類的徹底解放也有賴於生產力的高度發展；成問題的是當前人們在生產中所形成的具體生產方式──資本主義生產方式。在資本主義生產方式中，生產（工業）雖然是人的本質力量的體現，但人的這種本質力量的體現卻是以異化的形式呈現出來的；生產雖然是現實

世界的基礎，但是在資本主義條件下，這種塑造世界的力量卻又導致了世界的分裂和崩潰。對於實踐的第二層內涵或交往實踐而言，實踐對於世界的建構和塑造作用就更明顯了，生產方式作為生產和交往的統一，是現實世界的塑造力量，也構成了現實世界的本質內容，因此我們也不能像哈貝馬斯（Jürgen Habermas）那樣過分強調交往實踐的意義。在馬克思哲學中，交往本身作為生產得以展開的形式，同樣也是不成問題的；成問題的是在當前資本主義生產方式中人的社會關係。

在資本主義的社會關係中，一方面是個體的獨立性以及人們之間社會交往的普遍化，同時又造成了人對物的依賴性和社會關係的單一化、物化。馬克思所真正關注的，是如何破除人與生產的分裂以及人在社會關係中的全面異化，超越「以物的依賴性為基礎的人的獨立性」，實現人的自由全面發展，這就必須根本改變資本主義生產方式，建立「自由人的聯合體」。這才是馬克思哲學所提出的「改變世界」的問題，也是貫穿始終的哲學主題。

通過對「實踐」的多重意涵的剖析，我們認識到，馬克思哲學所關注的，不是單純的人與自在的自然界之間的關係中的問題，而是在改造自在的自然界時所形成的人與人之間的社會關係中的問題或人的存在自身的問題。因此，馬克思哲學的「改變世界」不是指改變自在的自然界，而是指改變人的現實世界，具體地說，就是改變構成人的現實生活世界的生產方式或實踐方式。

馬克思曾從人的存在狀態的角度，把人類社會發展的過程劃

分為三大階段。「人的依賴關係」是人類最初的社會形態；「以物的
依賴性為基礎的人的獨立性」為第二大形態；「建立在個人全面發
展和他們共同的社會生產能力成為他們的社會財富這一基礎上的自
由個性」是第三個階段。[1] 在人類進人資本主義社會以前，由於生產
力水平低下，在人對自在的自然界的關係上，人類只能依附於自然
界，自然界作為強大的外在必然性統治着人們的生產活動，使之只
能在狹小的範圍內展開。這種對自然的依附性，反映在人與人的社
會關係上就是人對血親、宗法的人身依附；反映在思想觀念上就是
命運、神、服從、信仰等觀念。在人類進人資本主義階段以後，生
產力的極大發展使人擺脫了對自然的依附關係，並反過來獲得了對
自然界的統治權；在政治領域也逐漸打碎了封建宗法制度，確立了
民主政治；在思想領域確立了理性的權威。人類似乎實現了自由、
平等的理想，歷史也似乎終結了。然而，馬克思卻看到了自由、平
等的意識形態所掩蓋的殘酷現實：自由只是資產者的自由，對無產
者而言，自由只是出賣勞動力的自由，資本家也只不過是資本的人
格代表。因為，「在自由競爭的情況下，自由的並不是個人，而是
資本」。[2] 這種自由「是在有限性的基礎上，即在資本統治的基礎上
的自由發展。因此，這種個人自由同時也是最徹底地取消任何個人
自由，而使個性完全屈從於這樣的社會條件，這些社會條件採取物

1　參見：《馬克思恩格斯全集》第 46 卷（上），人民出版社 1979 年版，第 104 頁。

2　《馬克思恩格斯全集》第 46 卷（下），人民出版社 1979 年版，第 159 頁。

的權力的形式，而且是極其強大的物，離開彼此發生關係的個人本身而獨立的物」，這種自由決不是「人類自由的終極形式」。[1] 同樣，平等也只是資本的平等。

　　總之，馬克思認為，在資本主義生產方式中，人類已經無法控制和支配自己的創造物。人類創造了巨大的生產力和物質財富，成為自然的主人，獲得了對於自然必然性的自由，但是卻又成為自己的創造物的奴隸。在資本主義生產方式中，不僅工人的勞動產品同工人相異化，成為統治工人的異己的力量，而且財富、貨幣、資本作為勞動產品的轉化形式和生產關係的物化形式，作為物化了的勞動條件，也成為獨立的力量同勞動相異化。「勞動的客觀條件對活勞動具有越來越大的獨立性。」[2] 隨著人類愈益控制自然，個人卻似乎愈益成為別人的奴隸或自身的卑劣行為的奴隸。」[3] 因此，人的獨立性是一種抽象的或片面的、僅僅對自然界而言的獨立性，這種獨立性一旦進入社會領域，就立到消解並轉化為自己的反面：依賴和奴役。當然，這種依賴和奴役不再是對於自然和宗法的依賴和奴役，而是對於人自己的創造物和關係的依賴和奴役。這一切的一切都根源於資本主義生產方式。這就是人在資本主義生產方式中的「以物的依賴性為基礎的人的獨立性」的存在狀態。

1　《馬克思恩格斯全集》第 46 卷（下），人民出版社 1979 年版，第 161 頁。
2　《馬克思恩格斯全集》第 46 卷（下），人民出版社 1979 年版，第 360 頁。
3　《馬克思恩格斯選集》第 1 卷，人民出版社 1995 年版，第 775 頁。

馬克思所關心的，正是這種「以物的依賴性為基礎的人的獨立性」的存在狀態是怎樣產生的？為什麼資本主義生產方式會產生這種普遍的異化現象？如何消除這種普通的異化現象，從而真正實現人的自由全面的發展？也就是說，如何不僅實現對自然界的自由和獨立，而且實現人對社會或「人們自身的社會結合」的自由和控制，從而自覺地創造自己的歷史，實現「從必然王國進入自由王國的飛躍」，進人「真正人的生存條件」？[1] 簡言之，即如何根本改變資本主義生產方式的問題，這才是馬克思哲學的「改變世界」的問題。

從人的存在方式的角度看，既然馬克思把一定的生產方式看作是人的存在方式，把人等同於人的現實世界，「人就是人的世界」，那麼，「改變世界」的問題，也就是如何根本改變人在資本主義社會中的存在方式的問題。所以，這個問題也可以表述為「存在的合法性問題」。

第二節　馬克思哲學對「改變世界」問題的解答

馬克思在確立了「改變世界」或「存在的合法性問題」這一新的哲學主題之後，探求這個問題的解答就成為馬克思哲學的中心任

1　參見：《馬克思恩格斯選集》第 3 卷，人民出版社 1995 年版，第 757-758 頁。

務。1845 年以後直到他去世，馬克思把幾乎全部的時間和精力，都投入到對「改變世界」問題的解答之中。這主要表現為一系列的文本：《馬克思致帕・瓦・安年柯夫》《哲學的貧困》《僱傭勞動和資本》《共產黨宣言》《倫敦筆記》《資本論》及其手稿等。

這一系列文本，展現了馬克思探求「改變世界」問題的思想軌跡。概而言之，馬克思哲學把對「改變世界」的問題的解答，訴諸於對資本主義生產方式的內在矛盾和本質規律的批判性揭示。馬克思哲學揭示出了資本主義生產方式的內在矛盾，論證了資本主義生產方式必然滅亡的歷史必然性，也就為「改變世界」指出了一條現實的道路，在馬克思哲學看來，這條道路不僅是現實的，而且是歷史發展的必然。

一、解答「改變世界」問題的基本方向

馬克思哲學在《關於費爾巴哈的提綱》和《德意志意識形態》中，第一次明確提出「改變世界」這一新的哲學主題時，就為這一問題的解答指出了一個基本方向。

馬克思指出，「不是意識決定生活，而是生活決定意識。」[1] 受生產力制約的「市民社會是全部歷史的真正發源地和舞臺。」[2] 這便形成了歷史唯物主義的基本原理：社會存在決定社會意識，「不

1　《馬克思恩格斯選集》第 1 卷，人民出版社 1995 年版，第 73 頁。
2　《馬克思恩格斯選集》第 1 卷，人民出版社 1995 年版，第 88 頁。

是從觀念出發來解釋實踐，而是從物質實踐出發來解釋觀念的形成。」[1]此時形成的唯物史觀的基本原理，為解決「改變世界」的問題指出了一個基本方向。

在否定了青年黑格爾派通過「僅僅反對現存世界的詞句」或通過「改變意識」達到「改變世界」的企圖之後，馬克思依照「生活決定意識」的基本原則指出，「要真正地、實際地消滅這些詞句，從人們意識中消除這些觀念，就要靠改變了的環境而不是靠理論上的演繹來實現。」[2]「只有通過實際地推翻這一切唯心主義謬論所由產生的現實的社會關係，才能把它們消滅；歷史的動力以及宗教、哲學和任何其他理論的動力是革命，而不是批判。」[3]由此必然得出這樣的結論：「實際上和對實踐的唯物主義者即共產主義者來說，全部問題都在於使現存世界革命化、實際地反對和改變現存的事物。」[4]

然而這個結論仍然是個一般性的結論。雖然馬克思指出，「在思辨終止的地方，在現實生活面前，正是描述人們實踐活動和實際發展過程的真正的實證科學開始的地方。關於意識的空話將終止，它們一定為真正的知識所代替。對現實的描述會使獨立的哲學失去生存環境，能夠取而代之的充其量不過是從對人類歷史發展的考察

1 《馬克思恩格斯選集》第 1 卷，人民出版社 1995 年版，第 92 頁。
2 《馬克思恩格斯選集》第 1 卷，人民出版社 1995 年版，第 95 頁。
3 《馬克思恩格斯選集》第 1 卷，人民出版社 1995 年版，第 92 頁。
4 《馬克思恩格斯選集》第 1 卷，人民出版社 1995 年版，第 75 頁。

中抽象出來的最一般的結果的概括。」[1]但是在這裏，馬克思僅僅提出了研究現存事物的任務，指出了一條「真正的實證科學」的研究途徑，而對於現存的事物的具體狀況仍然是一無所知。因此馬克思強調，「只是在人們着手考察和整理資料——不管是有關過去時代的還是有關當代的資料——的時候，在實際闡述資料的時候，困難才開始出現。這些困難的排除受到種種前提的制約，這些前提在這列根本是不可能提供出來的，而只能從對每個時代的個人的現實生活過程和活動的研究中產生。」[2]馬克思此時已意識到，考察和整理關於「現存的事物」的資料時必然會遇到困難，也就是說，事物的本質或真實面貌並不是直接呈現的，正如馬克思後來所指出的，「如果現象形態和事物的本質會直接合而為一，一切科學就都成為多餘的了。」[3]這意味着對資本主義生產方式的內在本質和規律的揭露和批判必定是一項艱巨的思想任務，馬克思此時還不能事先確定這些困難到底是什麼，當然也就不可能事先提供克服這些困難的前提。但是，在這裏馬克思卻指出了一條克服困難的正確道路，即「從對每個時代的個人的實際生活過程和活動的研究中」，確定這些困難並提供克服這些困難的前提。

　　這顯然不是《德意志意識形態》一部著作所能完成的任務。

1　《馬克思恩格斯選集》第 1 卷，人民出版社 1995 年版，第 73-74 頁。

2　《馬克思恩格斯選集》第 1 卷，人民出版社 1995 年版，第 74 頁。

3　馬克思：《資本論》第 3 卷，人民出版社 1953 年版，第 959 頁。

這一任務是馬克思此後的中心任務。這一任務完成了，「改變世界」
的問題自然也就得到了解答。此後，馬克思哲學正是沿着這條「真
正的實證科學」的道路展開對資本主義社會中「個人的現實生活過
程和活動」的深入研究。

二、「改變世界」問題的初步解答

在《德意志意識形態》之後，從《馬克思致帕·瓦·安年柯夫》
和《哲學的貧困》到《僱傭勞動和資本》和《共產黨宣言》的這段
時期，馬克思一方面堅持並進一步使唯物史觀的基本原理精確化；
另一方面，在這一原理的指導下，從總體上也即從資本與僱傭勞動
的總體關係上，揭露和批判了資本主義生產方式，初步解答了「改
變世界」問題。

首先，在《馬克思致帕·瓦·安年柯夫》和《哲學的貧困》中，
馬克思進一步使唯物史觀的基本原理的表述精確化，並且充分認識
到資本主義生產方式的歷史性。人們所熟悉的唯物史觀的經典表
述，是在《〈政治經濟學批判〉序言》（1859 年 1 月）中給出的，
然而在《馬克思致帕·瓦·安年柯夫》（1846 年 12 月）中，同樣
有一個非常經典的表述：「在人們的生產力發展的一定狀況下，就
會有一定的交換和消費形式。在生產、交換和消費發展的一定階段
上，就會有相應的社會制度、相應的家庭、等級或階級組織，一句
話，就會有相應的市民社會。有一定的市民社會，就會有不過是市

民社會的正式表現的相應的政治國家。」¹

　　引人注目的是，在這段話中，馬克思一連用了四個「一定的」。這種對既定性的強調表明，馬克思對人類實踐活動或生產力的歷史性從而對資本主義生產方式的歷史性已經有了非常深刻的理解。馬克思緊接着指出，「人們不能自由選擇自己的生產力——這是他們的全部歷史的基礎，因為任何生產力都是一種既得的力量，是以往的活動的產物。可見，生產力是人們應用能力的結果，但是這種能力本身決定於人們所處的條件，決定於先前已經獲得的生產力，決定於在他們以前已經存在、不是由他們創立而是由前一代人創立的社會形式」。只是在一定的歷史階段上，人們利用已有的生產力為新的生產服務，這就「形成人們的歷史中的聯繫，就形成人類的歷史」。²

　　在認識到生產方式的歷史性的基礎上，馬克思進一步指出：「人們藉以進行生產、消費和交換的經濟形式，是暫時的和歷史性的形式。隨着新的生產力的獲得，人們便改變自己的生產方式，而隨着生產方式的改變，他們便改變所有不過是這一特定生產方式的必然關係的經濟關係。」³因此，馬克思認為，政治經濟學必定是一門歷史科學，它所研究的是一定歷史條件下「人們藉以進行生產、消費

1　《馬克思恩格斯選集》第 4 卷，人民出版社 1995 年版，第 532 頁。
2　《馬克思恩格斯選集》第 4 卷，人民出版社 1995 年版，第 532 頁。
3　《馬克思恩格斯選集》第 4 卷，人民出版社 1995 年版，第 533 頁。

和交換的經濟形式」。「人們按照自己的物質生產率建立相應的社會關係，正是這些人又按照自己的社會關係創造了相應的原理、觀念和範疇。」而這些被資產階級經濟學家說成是「天然的」、「永恆的」經濟原理、觀念或範疇「同它們所表現的關係一樣，不是永恆的，它們是歷史的、暫時的產物。」[1]

馬克思對蒲魯東的批判也正是緊扣這一點。蒲魯東和其他資產階級經濟學家一樣，不理解資本主義生產方式的暫時性和歷史性，因而「蒲魯東先生不把政治經濟學範疇看作實在的、暫時的、歷史性的社會關係的抽象，而是神祕地顛倒黑白，把實在的關係只看作這些抽象的體現。」[2]因此，蒲魯東不可能從「現代社會制度的聯結中了解現代社會制度」。更為滑稽的是，蒲魯東對黑格爾的辯證法的拙劣模仿，他把一知半解的黑格爾辯證法的術語，運用到政治經濟學的歷史性範疇和邏輯上，「借軟弱的黑格爾主義來把自己裝扮成堅強的思想家」，[3]來「嚇唬」不善思辨的法國人[4]，結果內容貧乏，而且不倫不類。這也是他不理解資本主義生產方式的歷史性的必然結果。

資產階級政治經濟學，尤其是李嘉圖的勞動價值論，雖然把資本主義的生產規律看作是永恆的規律，但是，它的原理、觀念、範

---

1 《馬克思恩格斯選集》第 1 卷，人民出版社 1995 年版，第 142 頁。

2 《馬克思恩格斯選集》第 4 卷，人民出版社 1995 年版，第 537 頁。

3 《馬克思恩格斯選集》第 4 卷，人民出版社 1995 年版，第 531 頁。

4 參見《馬克思恩格斯選集》第 1 卷，人民出版社 1995 年版，第 137 頁。

疇等，都是從對現實的經濟關係的考察中得出來的，因而還是具有
豐富的現實內容的。而蒲魯東卻離開現實，憑主觀臆想的聯繫，用
一大堆形而上學的術語來炮製新的公式，用一些孤立的歪曲了的經
濟事實作為例證，對資產階級政治經濟學尤其是李嘉圖的理論進行
改造或重新解釋，割斷了政治經濟學的原理、觀念、範疇與資本主
義社會現實之間的血肉聯繫，把它們強行納入他所理解的黑格爾式
的範疇體系之中。他所能做的也就只有把現成的「在每一篇政治經
濟學論文末尾已經按字母表排好」的範疇，按黑格爾的「邏輯學」
的方式重新編一下次序。「把人所共知的經濟範疇翻譯成人們不大
知道的語言。」[1]這樣一來，蒲魯東就不可能發現資產階級政治經濟
學的非歷史的局限性，相反，卻把資產階級經濟學家非歷史地描述
了的社會現實，作為自己的理論前提，把資產階級政治經濟學的原
理、觀念、範疇，同樣也看作是不證自明的、永恆的。

　　基於這樣空洞的理論基礎，蒲魯東對共產主義的責難在理論
上也就不值一駁，因為，「一個不了解社會現狀的人，更不會了解
力求推翻這種社會現狀的運動和這個革命運動在文獻上的表現」。[2]
當然，馬克思還是指出，蒲魯東的小資產階級的平均主義的思想傾
向，對工人運動的實踐具有很大的危害性，因此又不可輕視。

　　其次，馬克思在充分認識到資本主義生產方式的歷史性的基

1　《馬克思恩格斯選集》第 1 卷，人民出版社 1995 年版，第 138、141 頁。
2　《馬克思恩格斯選集》第 4 卷，人民出版社 1995 年版，第 541 頁。

礎上，又從總體上對資本主義生產方式進行了批判，這主要體現在
《僱傭勞動和資本》和《共產黨宣言》中。

在《馬克思致帕·瓦·安年柯夫》和《哲學的貧困》中，馬克
思已經充分認識到資本主義生產方式的歷史性。在《僱傭勞動和資
本》中，馬克思對資本主義社會的最基本的生產關係，即「僱傭勞
動和資本」之間的關係進行了初步剖析。這是馬克思第一次集中從
經濟學的角度討論資本主義生產方式，或者說從資本主義生產方式
內部，剖析和批判資本主義生產方式。張一兵先生認為，「這是馬
克思在古典經濟學之上獨立地解決經濟學問題、真正從經濟學上批
判資產階級社會的最初嘗試」。[1]

在這裏，馬克思着重強調資本和僱傭勞動的相互制約和截然
對立：「資本以僱傭勞動為前提，而僱傭勞動又以資本為前提。兩
者相互制約；兩者相互產生。」[2] 與經濟學家們對資本的經濟學理解
不同，馬克思入木三分地指出資本的社會性本質：「資本也是一種
社會生產關係。這是資產階級的生產關係，是資產階級社會的生產
關係」。[3] 只是在資本主義條件下，生產資料才成為資本。「黑人就
是黑人。只有在一定的關係下，它才成為奴隸。紡紗機是紡棉花的
機器。只有在一定的關係下，它才成為資本。脫離了這種關係，它

---

1 張一兵：《回到馬克思》，江蘇人民出版社 1999 年版，第 537-538 頁。

2 《馬克思恩格斯選集》第 1 卷，人民出版社 1995 年版，第 348-349 頁。

3 《馬克思恩格斯選集》第 1 卷，人民出版社 1995 年版，第 345 頁。

也就不是資本了，就象黃金本身並不是貨幣，砂糖本身並不是砂糖的價格一樣。」[1]資本是資本主義生產關係的產物和體現，它的存在必然以這關係的另一極即僱傭勞動的存在為前提。「除勞動能力以外一無所有的階級的存在是資本的必要前提。」[2]同樣，無產階級只有依賴掌握一切生產資料的資產階級才能不斷獲得維持自己生存的生活資料。因此，「資本和僱傭勞動是同一種關係的兩個方面」。[3]資本的目的在於實現自身的增殖，「它的實質在於活勞動是替積累起來的勞動充當保存自己並增加其交換價值的手段。」資本對僱傭勞動的關係，就是「積累起來的、過去的、對象化的勞動」對「直接的、活的勞動」的支配和統治，[4]

馬克思還通過對資本主義競爭規律以及資本主義經濟危機的分析，認識到工資與利潤之間的反比關係，[5]認識到資本與僱傭勞動的對立。「即使我們停留在資本和僱傭勞動的關係範圍內，也可以知道資本的利益和僱傭勞動的利益是截然對立的」。[6]

眾所周知，《僱傭勞動與資本》是一篇不完整的文本。馬克思本來打算分三個部分來說明資本主義生產方式，即「（1）僱傭勞

1　《馬克思恩格斯選集》第 1 卷，人民出版社 1995 年版，第 344 頁。

2　《馬克思恩格斯選集》第 1 卷，人民出版社 1995 年版，第 346 頁。

3　《馬克思恩格斯選集》第 1 卷，人民出版社 1995 年版，第 349 頁。

4　《馬克思恩格斯選集》第 1 卷，人民出版社 1995 年版，第 346 頁。

5　參見：《馬克思恩格斯選集》第 1 卷，人民出版社 1995 年版，第 352-355 頁。

6　《馬克思恩格斯選集》第 1 卷，人民出版社 1995 年版，第 354 頁。

動對資本的關係，工人的奴役地位，資本家的統治；（2）各個中等資產階級和所謂的市民等級在現存制度下必然發生的滅亡過程；（3）歐洲各國資產階級在商業上受世界市場霸主英國奴役和剝削的情形」。[1] 在保存下來的文本中，馬克思顯然只討論了第一部分的問題。至於第二、第三部分已遺失，這雖然不能不說是個很大的遺憾，但是這兩部分的內容在與《僱傭勞動與資本》同期的《共產黨宣言》中有所論述，而且第一部分的內容在《共產黨宣言》中也有論述，但是，由於其文本政治綱領的性質，《共產黨宣言》對這些問題的論述是從階級鬥爭的角度展開的，比如把資本與僱傭勞動的關係，看作資產者與無產者的階級對立關係，就對資本主義生產方式的剖析的理論立場和理論深度而言，與《僱傭勞動與資本》是相同的。

因此，在《僱傭勞動與資本》和《共產黨宣言》中，馬克思只是從總體上，即從僱傭勞動和資本的關係方面，對資本主義生產方式進行了剖析，初步解答了「改變世界」的問題。雖然馬克思還沒有完全揭示出資本主義生產方式的內在矛盾和本質規律，但是，從僱傭勞動和資本的關係入手，也就抓住了資本主義生產方式的根本。因為資本主義生產關係的本質就是僱傭勞動和資本的關係。從階級關係的角度看，資本主義生產關係表現為極為明朗的階級關係，「整個社會日益分裂為兩大敵對的陣營，分裂為兩大相互直接

1 《馬克思恩格斯選集》第 1 卷，人民出版社 1995 年版，第 332 頁。

對立的階級：資產階級和無產階級」。[1]在揭示資本和僱傭勞動的對立、資產階級和無產階級的對立的基礎上，馬克思得出了無產階級革命的結論。

「改變世界」問題的最終解答，只有在全面深入揭示資本主義生產方式的內在矛盾和本質規律的基礎上才是可能的。這一工作是在馬克思流亡倫敦之後全面展開，並在《資本論》中最終完成的。

三、「改變世界」問題的最終解答

在《倫敦筆記》到《1857-1858 年經濟學手稿》《政治經濟學批判》（第一分冊）和《資本論》這段時期，馬克思在深入批判資產階級政治經濟學的基礎上，深刻揭示出了資本主義生產方式的內在矛盾和本質規律，充分說明了「改變世界」的現實性和歷史必然性，從而使「改變世界」問題獲得了最終解答。

馬克思哲學對資本主義生產方式的內在矛盾和本質規律的揭示，是通過逐層破除籠罩在資本主義生產方式之上的層層意識形態假像來實現的。

馬克思哲學首先破除了資產階級政治經濟學把資本主義生產方式永恆化的意識形態假像。馬克思指出，「說到生產，總是指在一定社會發展階段上的生產」。[2]生產只能是一定歷史條件下的生產。

1　《馬克思恩格斯選集》第 1 卷，人民出版社 1995 年版，第 273 頁。
2　《馬克思恩格斯全集》第 46 卷（上），人民出版社 1979 年版，第 22 頁。

被資產階級政治經濟學作為前提的「一般生產」是毫無內容的抽象。從這些抽象要素出發，「不可能理解任何一個現實的歷史的生產階段」。[1]馬克思認為，資本主義生產方式作為特定歷史條件下的生產方式，不同於其他生產方式的獨特性在於：在資本主義生產方式中，人們在生產中所結成的生產關係，只能以物的形式表現出來並獨立於生產過程和生產者之外，成為統治生產和生產者的似乎有生命的力量。在這裏，真正的關係顛倒了、隱匿起來了。這種情況只是在資本主義生產方式中才出現的，而在此之前，比如在封建社會中，「無論我們怎樣判斷中世紀人們在相互關係中所扮演的角色，人們在勞動中的社會關係，始終表現為他們本身之間的個人的關係，而沒有披上物之間即勞動產品之間的社會關係的外衣」。[2]資本主義生產方式本身是一個十分龐大複雜的體系，再加上其對真實關係的顛倒，使得資本主義生產方式的真實關係更加難以分辨，從而導致了濃重的拜物教意識形態。

資產階級政治經濟學作為資本主義生產方式的理論表述，正是建立在這種顛倒的基礎上的，它沒有發現這種顛倒，相反卻認為這種顛倒了的關係乃是永恆的、自然的或本質的關係，而先前未被顛倒的關係反而是不正常的、不成熟的形式。因此，資產階級政治經濟學並沒有透過顛倒的關係揭示資本主義生產方式的本質規律，反

---

1 《馬克思恩格斯全集》第 46 卷（上），人民出版社 1979 年版，第 25 頁。
2 馬克思：《資本論》第 1 卷，人民出版社 1975 年版，第 94 頁。

而正是以承認這種顛倒為前提的。換言之，資產階級政治經濟學並沒有實現對資本主義生產方式的批判，最多只達到對資本主義生產方式的科學（實證主義的、非歷史的）抽象。資產階級政治經濟學強化了資本主義的拜物教意識形態。

在馬克思哲學看來，只有首先破除資本主義的拜物教意識形態，把顛倒了的真實關係再顛倒回來，才有可能揭示資本主義生產方式的內在本質和規律。在《資本論》第一卷中，馬克思深入剖析了資本主義的拜物教意識形態三個層次，即：「商品拜物教」、「貨幣拜物教」和「資本拜物教」。

在商品生產中，尤其是在資本主義商品生產中，勞動產品作為商品，脫離了其直接的使用價值，而以通過交換實現其價值為目的。這樣，商品就在其物的屬性或使用價值之上，獲得了一種新的價值屬性。商品的價值屬性不是它作為一般勞動產品的物理屬性或效用功能，而是一種特定的社會關係。馬克思以桌子為例分析指出，桌子作為一件普通的器具本身，沒有任何「形而上學的微妙和神學的怪誕」，「但是桌子一旦作為商品出現，就變成一個可感而又超感覺的物了。它不僅用它的腳站在地上，而且在對其他一切商品的關係上用頭倒立着，從它的木頭腦袋裏生出比它自動跳舞還奇怪得多的狂想」。[1]商品只有通過交換與「其他一切商品」發生關係才能實現其價值。而商品交換的「物的關係」，只不過是人與人之

1　馬克思：《資本論》第 1 卷，人民出版社 1975 年版，第 87-88 頁。

間的某種社會關係的虛幻的表現形式。馬克思把這種顛倒的關係形象地比作「拜物教」。

馬克思分析指出，「商品世界的這種拜物教性質……是來源於生產商品的勞動所特有的社會性質。」[1] 這種「勞動所特有的社會性質」就是指，在資本主義商品生產中，由於廣泛而深度的社會分工的存在，個人成為孤立的個體，單個個體的勞動僅僅是片面的勞動，這種片面的勞動活動根本不能獨立存在，他們的勞動產品的價值也無法直接實現出來。只有通過市場交換的中介，勞動才能與生產相結合，勞動產品的價值（交換價值）才能實現。這樣以交換為目的的生產就歷史地出現了。在商品生產以及以商品生產為基礎的社會中，人的普遍的社會聯繫只能以物的形式實現和體現出來，人們之間的社會關係，「不是表現為人們在自己勞動中的直接的社會關係，而是表現為人們之間的物的關係或物之間的社會關係」。[2]

商品的拜物教性質還是比較容易揭穿的，而在貨幣形式上，拜物教的性質不易察覺了，因為商品交換還有可能讓人想到隱匿其中的某種社會關係，而在貨幣形式上，這些社會關係的痕跡消失得無影無蹤。貨幣成為社會財富的一般代表。貨幣作為固定地充當一般等價物的商品，本身也只不過是商品的一種，但是，一旦貨幣成為社會財富的一般代表，就賦有了巨大的魔力。馬克思指出，「當一

1　馬克思：《資本論》第 1 卷，人民出版社 1975 年版，第 89 頁。
2　馬克思：《資本論》第 1 卷，人民出版社 1975 年版，第 90 頁。

般等價物形式同一種特殊商品的自然形式結合在一起，即結晶為貨幣形式的時候，這種假像就完全形成了。一種商品成為貨幣，似乎不是因為其他商品都通過它來表現自己的價值，相反，似乎因為這種商品是貨幣，其他商品才都通過它來表現自己的價值。中介運動在它本身的結果中消失了，而且沒有留下任何痕跡。商品沒有出什麼力就發現一個在它們之外、與它們並存的商品體是它們的現成的價值形態。這些物，即金和銀，一從地底下出來，就是一切人類勞動的直接化身。貨幣的魔術就是由此而來的。」[1]

貨幣本是商品交換的媒介物，反而成了萬物之神，它不僅是人們追逐的對象，而且是商品的直接的價值形式。在資本主義的經濟生活中，商品交換和價值的實現都是以兌換成貨幣為終點的。「一切東西，不論是不是商品，都可以變成貨幣。一切東西都可以買賣。流通成了巨大的社會蒸餾器，一切東西拋到裏面去，再出來時都成為貨幣的結晶。」[2]「貨幣拜物教」與「商品拜物教」一樣，也是人的社會關係的物化的表現形式，只是與「商品拜物教」相比，更加徹底。正如馬克思所說：「貨幣拜物教的謎就是商品拜物教的謎，只不過變得明顯了，耀眼了。」[3]

「商品拜物教」和「貨幣拜物教」並非資本主義生產方式所獨

1　馬克思：《資本論》第 1 卷，人民出版社 1975 年版，第 111 頁。

2　馬克思：《資本論》第 1 卷，人民出版社 1975 年版，第 151-152 頁。

3　馬克思：《資本論》第 1 卷，人民出版社 1975 年版，第 111 頁。

有的現象。一切有商品生產和貨幣流通的社會形態都不免有這種物化顛倒的現象。但是「資本拜物教」卻是資本主義生產方式所獨有的現象，而且它完全掩蓋了真實的生產關係，並使社會關係的物化與顛倒達到了登峰造極的程度。

馬克思通過對商品流通（W-G-W）和資本流通（G-W-G）的比較研究指出，在資本流通中，貨幣的付出是為了獲得更大量的貨幣，人們「拿出貨幣時，就是蓄意要重新得到它。因此，貨幣只是被預付出去」。[1]而且「最後從流通中取出的貨幣，多於起初投入的貨幣。因此這個過程的完整形式是 G-W-G′。其中的 G′=G+ △ G，即等於原預付貨幣額加上一個增殖額」，因此「原預付價值不僅在流通中保存下來，而且在流通中改變了自己的價值量，加上了一個剩餘價值，或者說增殖了。正是這種運動使價值轉化為資本」。[2]價值（貨幣）作為資本「不斷地從一種形式轉化為另一種形式，在這個運動中永不消失，從而變成一個自動的主體……在這個過程中，它不斷地交替採取貨幣形式和商品形式，改變着自己的量，作為剩餘價值同作為原價值的自身份出來，自行增殖着……它會產仔，或者說，它至少會生金蛋」。[3]這樣，資本作為貨幣就成了能生出貨幣的貨幣，其公式是：G-G′，這是資本流通公式（G-W-G′）

1　馬克思：《資本論》第 1 卷，人民出版社 1975 年版，第 170 頁。

2　馬克思：《資本論》第 1 卷，人民出版社 1975 年版，第 172 頁。

3　馬克思：《資本論》第 1 卷，人民出版社 1975 年版，第 175-176 頁。

的簡化形式，也就是生息資本的公式。馬克思說這是「最富有拜物教性質的形式」，生息資本是純粹的拜物教形式。因為在生息資本上，貨幣的自主性、「自行增殖」以最純粹的形式表現了出來，「並且在這個形式上再也看不到它的起源的任何痕跡了。社會關係最終成為物（貨幣、商品）同它自身的關係。」作為生息資本的資本已經達到了「充分的物化、顛倒和瘋狂」。[1]

在資本的自行增殖過程中，資本家只不過是人格化的資本，與此相對，工人也成了為資本所支配的勞動力工具。資本獲得一種生命力，脫離人並成為反過來統治人的神祕力量，「資本具有獨立性和個性，而活動着的個人卻沒有獨立性和個性」。[2] 在「資本拜物教」中，真實的生產關係以徹底物化、顛倒的形式表現出來，因此，「資本拜物教」是「商品拜物教」和「貨幣拜物教」的完成。

馬克思不僅指出「資本拜物教」所體現的真實的社會關係，而且進一步揭示出在「資本拜物教」及其平等自由的意識形態形式下掩蓋的剝削和奴役。馬克思指出，貨幣通過交換生成更多的貨幣（G-G′）即資本的增殖。這種形式是不符合流通領域的等價交換原則的，因而單純從商品交換的角度是無法解釋的。「因此，資本不能從流通中產生，又不能不從流通中產生。它必須既在流通中又不

1　馬克思：《剩餘價值論》第 3 冊，人民出版社 1975 年版，第 503、505 頁。
2　《馬克思恩格斯選集》第 1 卷，人民出版社 1995 年版，第 287 頁。

在流通中產生。」[1] 資本只能從某種特殊的商品的使用價值上產生。
而「要從商品的使用上取得價值，我們的貨幣所有者就必須幸運地
在流通領域內即在市場上發現這樣一種商品，它的使用價值本身具
有成為價值源泉的特殊屬性」。這種特殊的商品就是「勞動能力或
勞動力」。[2] 當然，勞動力成為商品，可以自由出賣，是以勞動力所
有者（工人）的自由為前提的，即以「他沒有別的商品可以出賣，
自由得一無所有」為前提。在這個特定的前提下，資本家與工人的
交換，雖然以是等價交換的形式進行的，但決不是一般意義上的交
換，也決不是平等的。首先，工人不得不出賣自己的勞動力，否則
就無法生存。這樣一來，形式平等的交易實際上是強迫的。其次，
資本家以一定數量的貨幣（工資）換取了工人的勞動力在一定時期
內的支配權，而勞動力的使用價值只能在以後實際使用或「勞動力
的消費過程」中才表現出來。這樣，勞動力這個商品的交換與它的
實際運用是兩個分離的領域，而在這個「勞動力的消費過程」即生
產過程中，資產階級所標榜的一切平等、自由都轉化成其反面——
剝削和奴役。正是這個「勞動力的消費過程」即生產過程，創造了
單純的流通無法解釋的剩餘價值。

　　馬克思詼諧地說，「讓我們同貨幣所有者和勞動所有者一道，
離開這個嘈雜的、表面的、有目共睹的領域，跟隨他們兩人進入門

1　馬克思：《資本論》第 1 卷，人民出版社 1975 年版，第 188 頁。
2　馬克思：《資本論》第 1 卷，人民出版社 1975 年版，第 190 頁。

上掛着『非公莫入』牌子的隱蔽的生產場所去吧！在那裏，不僅可以看到資本是怎樣進行生產的，還可以看到資本本身是怎樣被生產出來的。賺錢的祕密最後一定會暴露出來」。[1]

因此，資產階級所宣揚的自由、平等，只是資產階級社會經濟假像上的意識形態幻覺，而且這種假像也僅僅以流通領域為界限。馬克思指出，「勞動力的買和賣是在流通領域或商品交換領域的界限以內進行的，這個領域確實是天賦人權的真正樂園。」[2] 而一離開這個虛假的自由、平等的流通或交換領域，就會看到，「原來的貨幣所有者成了資本家，昂首前行，勞動所有者成了他的工人，尾隨其後。一個笑容滿面，雄心勃勃；一個戰戰兢兢，畏縮不前，像在市場上出賣了自己的皮一樣，只有一個前途——讓人家來鞣」。[3] 工人進入生產領域，「只有一個前途」——被人格化的資本，即資本家支配和剝削。這便是被自由和平等的觀念所掩蓋的真實的資本主義生產關係。

通過對「商品拜物教」、「貨幣拜物教」和「資本拜物教」的剖析，馬克思認識到，這三大拜物教都是資本主義生產方式的顛倒的意識形態的表現形式，它們分別在不同層次上，以虛假的形式掩蓋了資本主義生產方式的實際狀況。馬克思哲學剝去了資本主義生

1　馬克思：《資本論》第 1 卷，人民出版社 1975 年版，第 199 頁。
2　馬克思：《資本論》第 1 卷，人民出版社 1975 年版，第 199 頁。
3　馬克思：《資本論》第 1 卷，人民出版社 1975 年版，第 200 頁。

產方式的意識形態的面紗，揭示出資本主義生產方式的內在矛盾和本質規律，論證了資本主義必然滅亡的歷史發展趨勢，也就最終解答了「改變世界」的問題。

第三節 「改變世界」作為 馬克思哲學的主題

通過以上兩節的考察，我們可以發現，馬克思哲學不僅提出了「改變世界」的問題，而且把「改變世界」的問題作為貫穿始終的哲學主題，最終在《資本論》中通過對資本主義生產方式的內在矛盾和本質規律的批判性揭示，解答了這一哲學主題。如果我們暫且不論馬克思對「改變世界」這一哲學主題的探索和解答是否具有科學性，而只把馬克思哲學看作是一種反思的學問，那麼我們可以說，對資本主義生產方式的反思，構成了 其「改變世界」的哲學主題的核心內容。綜觀其發展過程以及對「改變世界」的哲學主題的探索過程，我們可以發現，馬克思哲學之所以緊緊抓住資本主義生產方式，是因為，在馬克思哲學看來，資本主義生產方式實際上構成了資本主義社會中的人的存在方式。

資本主義生產方式不僅是資本主義社會生產得以進行的方式，它實際上統治了整個資本主義的社會生活的各個領域，是資本主義社會中人的現實存在所無法擺脫的歷史性前提，正如馬克思在概括

歷史唯物主義的基本原理時所指明的，「物質生活的生產方式制約
着整個社會生活、政治生活和精神生活的過程。」[1] 馬克思哲學「改
變世界」的哲學主題，就是要揭示和批判這種歷史性前提，質疑和
反思這種歷史性前提的合法性，進而變革和轉換人的現實存在的歷
史性前提，探索人類解放的現實道路。

一、資本主義生產方式：人的現實存在的歷史性前提

馬克思哲學把人的現實世界的基礎即一定的生產方式看作是
人的存在方式。因此，在資本主義社會中，人的存在方式的真實內
容，只能到人的現實世界的深刻基礎即資本主義生產方式中去尋
找。資本主義生產方式構成了人的存在所無法超越的歷史性前提。

馬克思認為，人是歷史性的存在。「人們自己創造自己的歷
史，但是他們並不是隨心所欲地創造，並不是在他們自己選定的條
件下創造，而是在直接碰到的、既定的、從過去承繼下來的條件下
創造。」[2] 這些既定的條件，就是人們在歷史的每一階段都會遇到的
「一定的物質結果，一定的生產力總和，人對自然以及個人之間歷
史地形成的關係……前一代傳給後一代的大量的生產力、資金和
環境」，「儘管一方面這些生產力、資金和環境為新的一代所改變，
但另一方面，它們也預先規定新的一代的生活條件，使它得到一

---

1 《馬克思恩格斯選集》第 2 卷，人民出版社 1995 年版，第 32 頁。
2 《馬克思恩格斯選集》第 1 卷，人民出版社 1995 年版，第 585 頁。

定的發展和具有特殊的性質。」「人創造環境，同時，環境也創造人。」[1] 人的存在的歷史性，這一觀念包含兩層意思：

其一，沒有超歷史的、抽象的人，沒有抽象的人類本性，人的存在總是一定歷史條件下的歷史性存在。正是在這個意義上，馬克思說，「人的本質不是單個人所固有的抽象物。在其現實性上，它是一切社會關係的總和。」[2]

其二，沒有永恆的、固定的人性，既然歷史是不斷發展的，那麼人的存在的具體規定也必然是歷史地變化的，人是一種不斷自我創造的存在，或者說，人是一種否定性的存在。人的存在的具體規定必定隨着生產力的發展，隨着生產的物質條件的改變而改變。因此，馬克思說，「整個歷史也無非是人類本性的不斷改變而已」，[3] 並進一步從人的存在方式的角度，把人類歷史的發展分為三個階段，即：「人的依賴性」階段、「以物的依賴性為基礎的人的獨立性」階段、「自由個性」階段。[4]

就資本主義社會中人的存在方式而言，人的存在同樣也是歷史性的。馬克思指出，被資產階級政治經濟學作為毋庸置疑的前提假設的「獨立的個人」，是歷史的結果。馬克思指出，「被斯密和李嘉圖當作出發點的單個的孤立的獵人和漁夫，屬於十八世紀的缺乏想

1　《馬克思恩格斯選集》第 1 卷，人民出版社 1995 年版，第 92 頁。

2　《馬克思恩格斯選集》第 1 卷，人民出版社 1995 年版，第 56 頁。

3　《馬克思恩格斯選集》第 1 卷，人民出版社 1995 年版，第 172 頁。

4　《馬克思恩格斯全集》第 46 卷（上），人民出版社 1979 年版，第 104 頁。

像力的虛構」，是像魯濱遜一類的故事所造成的「美學上的假像」。
實際上，這些假像只不過是對於人類存在的一種歷史情景的預感，
即「對於十六世紀以來就作了準備、而在十八世紀大踏步走向成熟
的『市民社會』的預感」。在這個資產階級的市民社會中，人們才
擺脫了自然聯繫成為獨立的、單個的人。因此，「獨立的個人」是
歷史發展的結果：「一方面是封建社會形式解體的產物，另一方面
是十六世紀以來新興生產力的產物。」而在資產階級政治經濟學家
看來，「這種個人是在過去就已經存在的理想，在他們看來，這種
個人不是歷史的結果，而是歷史的起點」。因為他們把這種個人看
作是歷史之外或之前的自然的人。馬克思還進一步從歷史的回溯中
論證人的歷史性。以此為基礎，馬克思駁斥了資產階級關於人的超
歷史規定以及自由、平等的意識形態假像。[1]

　　馬克思哲學的獨到之處，並不在於它一般性地承認人的現實存
在的歷史性，黑格爾早就指出「每個人都是他那時代的產兒」，個
人無法跳出他的時代。馬克思哲學的獨到之處在於，他把人的現
實存在的歷史性，從根本上歸結為歷史性的生產方式，強調人的
現實存在的具體規定與其生產方式或生活方式的一致性。「個人怎
樣表現自己的生活，他們自己就是怎樣。因此，他是什麼樣的，
這同他們的生產一致的——既和他們生產什麼一致，又和他們怎
樣生產一致。因而，個人是什麼樣的，這取決於他們進行生產的

1　參見：《馬克思恩格斯全集》第 46 卷（上），人民出版社 1979 年版，第 18-21 頁。

物質條件。」[1]

　　馬克思哲學還從生產方式的角度，把社會歷史發展看作是一種「自然歷史過程」，並指出，「不管個人怎樣超脫各種關係，他在社會意義上總是這些關係的產物」。[2]這樣，馬克思哲學就把一定的生產方式，看作是人的現實存在所無法超越的歷史性前提。因此，如果說，每個人都是他那時代的產兒，那麼，這不是一種歷史的宿命，而僅僅是由於他自己創造自己的生活，自己構造自己的存在。人的存在的具體規定，完全取決於他所身處其中的歷史性的生產方式。在資本主義社會中，資本主義生產方式構成了人的存在的歷史性前提。

　　馬克思哲學的獨到之處還在於，它並沒有停留在對作為人的存在方式的資本主義生產方式的指認上，而是通過真正實證的研究揭示出資本主義生產方式的內在矛盾和本質規律，從而具體闡明了資本主義社會中人的現實存在的歷史性規定。在《1857—1858年經濟學手稿》中，馬克思把資本主義社會中的人的現實存在狀態，揭示為「以物的依賴性為基礎的人的獨立性」。

　　首先，資本主義生產方式不僅創造了一個無比豐富的物質世界，使人獲得了對自然必然性的自由和獨立，而且還打破了人們之間狹隘的自然聯繫，建立起普遍的社會聯繫。「資本主義生產方式

1　《馬克思恩格斯選集》第 1 卷，人民出版社 1995 年版，第 67-68 頁。
2　馬克思：《資本論》第 1 卷，人民出版社 1975 年版，第 12 頁。

表現為勞動過程轉化為社會過程的歷史必然性。」[1] 資本主義生產，作為商品生產，打破了自然經濟的地域限制，使生產走向社會化、世界化。「不斷擴大產品銷路的需要，驅使資產階級奔走於全球各地。它必須到各處落戶，到處開發，到處建立聯繫。資產階級，由於開拓了世界市場，使一切國家的生產和消費都成為世界性的了。」從而摧毀了一切人為阻隔，「把一切民族甚至最野蠻的民族都卷到文明中來了」。[2] 與此相應，資本主義生產方式割斷了人們的封建宗法的人身依附性關係，使人成為自由、平等的獨立的人。「把一切封建的、宗法的和田園詩般的關係都破壞了。它無情地斬斷了把人們束縛於天然尊長的形形色色的封建羈絆，它使人和人之間除了赤裸裸的利害關係，除了冷酷無情的『現金交易』，就再也沒有任何別的聯繫了。」[3] 這一切都根源於資本主義生產方式，因此，馬克思哲學非常強調資本主義生產方式的歷史進步性。

其次，資本主義生產方式所建立的普遍聯繫，實際上是人的全面依賴。資本主義生產作為社會化大生產，是一個龐雜的分工協作體系。在這個龐雜的分工協作體系中，「每個人的生產，依賴於其他一切人生產；同樣，他的產品轉化為他本人的生活資料，也要依賴於其他一切人的消費」。[4] 在這個體系中，個人僅僅作為勞動力而

1　馬克思：《資本論》第 1 卷，人民出版社 1975 年版，第 372 頁。

2　《馬克思恩格斯選集》第 1 卷，人民出版社 1995 年版，第 276 頁。

3　《馬克思恩格斯選集》第 1 卷，人民出版社 1995 年版，第 274-275 頁。

4　《馬克思恩格斯全集》第 46 卷（上），人民出版社 1979 年版，第 106 頁。

存在，人的勞動失去了其豐富的個體性特徵，成為單純的「人類勞動力在生理學意義上的耗費」，即抽象勞動，從而也就被抽象為工人。而且資本主義分工體系「人為地培植了工人的片面的技巧」，使人成為片面的、畸形的人。

這種片面的、畸形的人，只有作為生產體系的一個組成部分，而被整合到資本主義生產體系中才能存在。除了生產聯繫、交換關係外，人們是彼此孤立、冷漠、毫不相干的。因此，在資本主義生產方式中，「毫不相干的個人之間的互相的和全面的依賴，構成他們的社會聯繫。這種社會聯繫表現在交換價值上」。[1] 片面的、孤立的個人，只有通過相互交換各自的勞動成果，才能實現其社會性。交換是個人通向社會的惟一途徑。「個人的產品和活動，必須先轉化為交換價值的形式，轉化為貨幣，才能通過這種物的形式取得和表明自己的社會權力。」[2] 人的抽象化、片面化、孤立化與全面依賴性，是資本主義生產方式的不可分割的兩個方面。

第三，資本主義生產方式造成人的全面異化。由於在資本主義生產方式中，人的社會關係或人的全面依賴，是以人的片面化和孤立化為基礎的，所以，這種社會關係，不是表現為個人所建立的以自己為中心的社會聯繫，而只能表現為個人生存所不得不採取的形式，即他的「生存條件」。這樣一來，這種社會關係就是外在於人

1 《馬克思恩格斯全集》第 46 卷（上），人民出版社 1979 年版，第 103 頁。
2 《馬克思恩格斯全集》第 46 卷（上），人民出版社 1979 年版，第 105 頁。

自身的,「不是表現為個人互相間的關係,而是表現為他們從屬於這樣一些關係」,這些關係「彷彿是一種自然關係,存在於個人之外,並且不以個人為轉移。普遍的需求和供給互相產生的壓力,促使毫不相干的人發生聯繫」。[1]

社會關繫在本質上無非是人們在社會活動,尤其是生產活動中所結成的關係,而且人的本質「在其現實性上,它是一切社會關係的總和」。然而,在資本主義生產方式中,社會關係卻成為外在於人並統治人的獨立的力量,而且人的社會關係只能通過交換以物的形式實現出來,社會關係採取了物的形式。這更加強化了社會關係的獨立性和外在性。社會關係的外在性表現為人對物的依賴性,「物的依賴關係,無非是與外表上獨立的個人相對立的獨立的社會關係,也就是與這些個人本身相對立而獨立化的、他們互相間的生產關係。」[2]「人的內在本質的這種充分發揮,表現為完全的空虛,這種普遍的物化過程,表現為全面的異化。」[3] 這就是資本主義生產方式中人的「物的依賴性」或「全面異化」。

在《資本論》中,馬克思進一步把這種「以物的依賴性為基礎的人的獨立性」深化為資本的統治,並深入揭示出了資本的邏輯。

1　《馬克思恩格斯全集》第 46 卷(上),人民出版社 1979 年版,第 103、104 頁。
2　《馬克思恩格斯全集》第 46 卷(上),人民出版社 1979 年版,第 111 頁。
3　《馬克思恩格斯全集》第 46 卷(上),人民出版社 1979 年版,第 486 頁。

　　上文中我們曾討論過馬克思對資本主義生產方式的顛倒本性或拜物教本性的揭示，在此我們不再重複，而僅僅強調一點，即資本主義生產方式作為資本主義社會中人的現實存在的歷史性前提，其顛倒本性對於所有人都是同樣的，無論工人階級還是資產階級，他們作為資本主義生產方式的兩極，都無法逃脫資本的邏輯和資本的統治。在資本主義生產方式中，在工人階級被抽象為「活勞動」、「勞動力」的同時，資產階級也被抽象為「資本的人格代表」。當然馬克思也深刻地指出，兩者在資本主義生產方式中的地位和自我感受是截然相反的：資本家體現了資本主義生產方式的肯定的一面，而工人則體現了否定性的一面；資本家在資本主義生產方式中所感到的是享受和生活的樂趣，而工人所感受到的則是痛苦和屈辱。

　　由此可見，馬克思哲學把資本主義生產方式看作是人的存在所無法超越的歷史性前提，從生產方式中尋找人的現實存在的具體規定，把資本主義社會中人的存在狀態，概括為「以物的依賴性為基礎的人的獨立性」，概括為資本的統治。這並不是基於抽象的人本學的邏輯構想，而是基於對社會現實和歷史的深入考察，尤其是對資本主義生產方式的考察所得出的結論。

　　資本主義生產方式作為人的存在的歷史性前提，是歷史地形成的，當然也將歷史地消亡。馬克思哲學揭示了資本主義生產方式的內在矛盾和本質規律，指出了資本主義的內在矛盾和必然滅亡的發展趨勢。「資本主義生產由於自然過程的必然性，造成了對自身的

否定。」[1]同時，馬克思哲學還指出，資本主義生產方式中的人的全面異化只是一種暫時的現象，是人類發展的一個必然階段。在這個階段上，在產生出個人的「普遍異化」的同時，「也產生出個人關係和能力的普遍性和全面性」，[2]進而為人類在現實的歷史發展中實現全面發展和自由解放，奠定了真實的基礎。因此，馬克思認為，人的全面異化只是證明，「人們還處於創造自己社會生活條件過程中，而不是從這種條件出發去開始他們的社會生活」。[3]

　　但是，馬克思哲學的根本目的，並不在於如實地揭示資本主義生產方式的內在矛盾和本質規律，或者說，並不在於建構一門關於資本主義經濟運行規律的科學的政治經濟學或關於資本主義現實及其歷史發展的社會歷史科學；而在於如何依據和運用所揭示的資本主義生產方式的內在本質和規律，實現對現存世界的變革，現實地「改變世界」，實現人的全面發展。因此，與「人類的解放」的根本旨趣以及「改變世界」的哲學主題相一致，馬克思的政治經濟學批判的根本問題，「不是在於要簡單地確認一種經濟事實，也不在於這種事實與永恆的公平和真正的道德相衝突，而在於這樣一種事實，這種事實必定要使全部經濟學發生革命，並且把理解全部資本主義生產的鑰匙，交給那個知道怎樣使用它的人」。[4]正像張一兵先

1　馬克思：《資本論》第 1 卷，人民出版社 1975 年版，第 832 頁。
2　《馬克思恩格斯全集》第 46 卷（上），人民出版社 1979 年版，第 108-109 頁。
3　《馬克思恩格斯全集》第 46 卷（上），人民出版社 1979 年版，第 108 頁。
4　馬克思：《資本論》第 2 卷，人民出版社 1975 年版，第 21 頁。

生所理解的，「歷史唯物主義研究生產力和生產關係、政治經濟學研究經濟關係本身並不是目的，也不是一種簡單的旁觀式的客觀反映」，而是在揭示人類社會歷史發展規律的基礎上，「確認無產階級革命的客觀必然性……是馬克思哲學與政治經濟學批判之根」，「實現了科學世界觀變革的馬克思，始終關注人類主體的生存與發展狀況，人類的解放與全面自由的發展，是他的共產主義的最終目的。」[1] 因此，在理論上揭示出資本主義生產方式的內在本質和規律，揭示出其內在矛盾和歷史趨勢，當然並不意味着能夠現實地消滅資本主義生產方式，要現實地消滅資本主義生產方式，即現實地「改變世界」，還要善於結合實際鬥爭的局勢來運用這一科學規律。正如恩格斯所指出的，像電和火等自然力量被人認識並逐漸被利用一樣，「社會力量完全像自然力一樣，在我們還沒有認識和考慮到它們的時候，起着盲目的、強制的和破壞性的作用。但是，一旦我們認識了它們，理解了它們的活動、方向和作用，那麼，要使它們越來越服從我們的意志並利用它們來達到我們的目的，就完全取決於我們了」。[2] 因此，只有自覺遵循並利用社會歷史發展的規律，才能真正「改變世界」，從根本上消滅資本主義生產方式。

當然，馬克思並不是一個絕對的決定論者，他雖然認為社會發展是一個「自然歷史過程」，但是，他從不否認人作為歷史的主體

---

1 張一兵：《回到馬克思》，江蘇人民出版社 1999 年版，第 572-573 頁。
2 《馬克思恩格斯選集》第 3 卷，人民出版社 1995 年版，第 754 頁。

的能動性。畢竟，「人們自己創造自己的歷史」，「歷史不過是追求着自己的目的的人的活動而已」。運用歷史發展的規律的主動權是掌握在人的手中的，「完全取決於我們自己」。因此，馬克思指出，雖然社會運動和歷史發展的「自然階段」「是既不能跳過也不能用法令取消的」，但是，了解了社會歷史發展的內在規律並積極地運用它為人類的解放服務，就能「縮短和減輕分娩的痛苦」。[1]

馬克思哲學通過對資本主義生產方式的歷史性、暫時性以及必然滅亡的趨勢的揭示，破除了其作為人的現實存在的歷史性前提的強制性。這使得「人的全面發展」不再是一種軟弱的道德理想，而是基於人類歷史發展的客觀規律的必然趨向，使社會主義理論由空想變為科學，為國際工人運動，即「改變世界」的政治運動提供了理論武器。正因如此，《資本論》被譽為「工人階級的聖經」。

二、歷史思維方式：反思人的現實存在的思維方式

馬克思哲學為什麼能夠深入揭示出資本主義生產方式的內在矛盾和本質規律，進而揭示出資本主義社會中人的現實存在的歷史性內涵。我們認為，除了馬克思本人的天才般的過人才智、崇高的革命理想和長期艱苦的探索研究之外，還由於馬克思哲學在其思想形成和發展過程中，逐漸建構起了一種獨特的思維方式。正是以這種

---

1   馬克思：《資本論》第 1 卷，人民出版社 1975 年版，第 11 頁。

獨特的思維方式，馬克思哲學才能夠深入到人的現實存在的歷史性維度之中，揭示出資本主義條件下人的現實存在的歷史性內涵以及這種存在方式的歷史性變革的可能性。因此，我們把馬克思哲學的思維方式稱為「歷史思維方式」。下面，我們就考察一下馬克思哲學的歷史思維方式的建立過程。

首先，馬克思哲學批判了資產階級政治經濟學的實證主義和傳統思辨哲學（以黑格爾哲學為代表）的思辨主義。

馬克思哲學在其形成過程中，首先批判的是以黑格爾哲學為代表的思辨主義的思維方式。在《黑格爾法哲學批判》中，馬克思指出，黑格爾的法哲學從其邏輯學的立場出發，把人歸結為精神，把人的家庭、社會、國家等都歸結為「絕對精神」實現自身的不同環節，把國家作為理論精神的最高體現並神聖化為市民社會的真理和目的，這樣就顛倒了國家與市民社會的真實關係：不是市民社會決定國家，而是國家以神祕的方式決定市民社會。這種神祕主義的顛倒，根源於黑格爾的「邏輯學」、「理念論」。因此馬克思認為，儘管黑格爾的法哲學把社會存在、歷史發展納入視野，考察了家庭、市民社會、國家等人的現實生存狀況，並提出了一些很深刻的見解，但這些都只不過是假像，黑格爾法哲學所真正關注並不是人的現實存在，而是關於人的現實存在的邏輯，這種邏輯又從屬於一種更高的邏輯，即「絕對精神」的邏輯。無論個人還是市民社會、國家，乃至整個的歷史發展，都不過是「絕對精神」自我實現的不同環節和表現，是「絕對精神」自我發展的驗證。因此馬克思指出，

在黑格爾的法哲學中，「理念變成了獨立的主體，而家庭和市民社會對國家的現實的關係，變成了理念所具有的想像的內部活動」，「在這裏具有哲學意義的不是事物本身的邏輯，而是邏輯本身的事物。不是用邏輯來論證國家，而是用國家來論證邏輯。」因此，「整個法哲學只不過是對邏輯學的補充」。[1]黑格爾法哲學是思辨主義的思維方式的典型體現，按照這種思辨主義的思維方式，對事物的理解和把握不是從事物本身出發，而是從某種超越於事物之外的（先定的、必然的、普遍的、客觀的、絕對的、理想的……）抽象觀念或原理出發，邏輯地推導出對關於事物的理論。這種思辨哲學的思維方式，雖然能編織出一個無所不包、邏輯自恰的思想體系，卻不可能達到對現實的真實理解，而必然遠離和歪曲現實事物。因為在實際考察事物之前，就已經規定好了事物的內在邏輯或本質，把對事物的理解限制在某種既定的抽象觀念或原理的範圍之內了。這是一條從觀念到現實、讓現實適應觀念的思想道路。以黑格爾哲學為集大成的傳統思辨哲學的思維方式，根本無法把握和揭示人的現實存在狀況。

　　通過對黑格爾法哲學的思辨主義的批判，馬克思認識到，要真正理解和把握事物，必須走與思辨哲學完全相反的思想之路，即：不是從觀念到現實、讓現實適應觀念的抽象思辨，而是從現實出發，從對現實的實際研究中得出關於現實的觀念。也就是說，只有

1　《馬克思恩格斯全集》第 1 卷，人民出版社 1956 年版，第 250、263、264 頁。

從市民社會本身出發才能理解市民社會，只有深入人的現實生活世界，才能達到對現實存在狀況的真正理解。這一認識促使馬克思轉向資產階級政治經濟學，尋求對市民社會的解剖、對現實存在狀況的理解。然而馬克思很快就認識到，資產階級政治經濟學的實證主義的思維方式，同樣也不能揭示、反而由於其隱含的思辨主義的思維方式而扭曲和掩蓋人的現實存在狀況，於是馬克思轉向了對資產階級政治經濟學，尤其是其「虛假的實證主義」的批判。

《1844年經濟學哲學手稿》是馬克思第一個政治經濟學批判文本。從文本的內容看，他對政治經濟學的批判，大致遵循如下思路：首先從國民經濟學的各個前提出發，卻得出了與之完全不同的結論：「我們從國民經濟學本身出發，用它自己的話指出，工人降低為商品；而且降低為最賤的商品；工人的貧困同他的產品的力量和數量成反比；競爭的必然結果是資本在少數人手中積累起來，也就是壟斷的更驚人的恢復；最後，資本家和地租所得者之間、農民和工人之間的區別消失了，而整個社會必然分化為兩個階級，即有產者階級和沒有財產的工人階級。」[1]這就充分暴露出國民經濟學的抽象理論所掩蓋的現實，揭示了國民經濟學的理論與現實的矛盾。然後馬克思就直接從國民經濟學所無法說明的「當前的經濟事實出發」，揭示出工人在資本主義生產中的異化，提出了「異化勞動」概念，並反過來以這一新概念去分析「當前的經濟事實」，闡明了

---

1 馬克思：《1844年經濟學哲學手稿》，人民出版社2000年版，第50頁。

國民經濟學所由出發卻不能說明的理論前提──私有財產，從而實現了對資產階級政治經濟學的批判。

與思辨哲學不同，政治經濟學直接面對的是人的現實生活，並聲稱是從事實出發對人的經濟活動和經濟關係的實證研究。在《1844 年經濟學哲學手稿》中，馬克思識破了這種實證主義的虛假性和膚淺性，並着重揭示和批判了資產階級政治經濟學在其實證主義外表下所隱藏的思辨主義的思維方式。

首先，馬克思指出，在資產階級政治經濟學所由出發的最基本的經濟「事實」中，包含着最嚴重的思辨抽象。比如：政治經濟學從生產和從事生產的人出發，把勞動看作人的本質，只考察生產過程中的人，即作為工人的人；把生產看作是創造財富的過程，抹殺了利潤、地租之間，尤其是它們與工資之間的本質區別，進而看不到工人與資本家之間的階級對立。其次，資產階級政治經濟學的根本前提──「私有財產」的觀念是未經反思的，然而它卻決定着政治經濟學所有其他範疇，如：「買賣」、「競爭」、「資本」、「貨幣」等。[1] 另外，在《1844 年經濟學哲學手稿》中馬克思還隱約認識到，諸如「人權」、「自由」、「平等」等的一系列資產階級意識形態觀念，都被資產階級政治經濟學奉為毋庸置疑的永恆真理，是其所由出發的未經反思的思想前提。因此，資產階級政治經濟學，在其實證主義的外表下，不僅預設了一些既定的抽象觀念，而且從這些抽

1　參見馬克思：《1844 年經濟學哲學手稿》，人民出版社 2000 年版，第 63 頁。

象觀念出發去理解現實的經濟關係和經濟活動，它仍然遵循着從觀念到現實的思辨主義的思想道路。它的「實證主義」僅僅是表面的，其深層實質仍然是思辨主義的。

　　基於政治經濟學與思辨哲學在恩維方式上的共同性，馬克思在《1844 年經濟學哲學手稿》中，把對兩者的批判結合起來，既揭示了資產階級政治經濟學的實證主義外表下所掩蓋的思辨主義的思維方式，又揭示了黑格爾哲學尤其是「精神現象學」在批判的外表下掩蓋的非批判主義或國民經濟學家的立場。[1] 這樣不僅深化了對資產階級政治經濟學的批判，而且把對黑格爾哲學的批判推進了一步。此後，馬克思對青年黑格爾派的批判以及對資產階級政治經濟學的批判，所遵循的都是這種雙重批判的思路。比如，對青年黑格爾派的批判，馬克思一方面批判他們以觀念的批判代替現實的批判，另一方面又揭露出他們在激進的言辭背後所掩蓋的深刻的保守主義；又比如，對資產階級政治經濟學的批判，馬克思一方面認為他們直接從現實出發的實證主義不可能達到對現實的科學理解，另一方面又指出他們是從資本主義的意識形態觀念出發去理解資本主義經濟關係，從而把資本主義經濟關係天然化、神聖化、永恆化。霍克海默把實證主義與形而上學等同起來，看作是資產階級統一的世界觀一起進行批判，顯然是受馬克思的啟發。[2]

1　參見馬克思：《1844 年經濟學哲學手稿》，人民出版社 2000 年版，第 99、101 頁。
2　參見霍克海默：《批判理論》，重慶出版社 1989 年版，第 5、37 頁。

　　其次，在對實證主義和思辨主義兩種思維方式的雙重批判的基礎上，馬克思哲學探討和建構起了一種獨特的思維方式——歷史思維方式。

　　在《關於費爾巴哈的提綱》中，馬克思第一次明確了自己的哲學主題：「哲學家們只是用不同的方式解釋世界，問題在於改變世界。」隨着「改變世界」這一新的哲學主題的明確提出，建構新的哲學思維方式的要求就顯得更加必要和迫切了。要改變世界，首先必須達到對現實世界的真正理解。圍繞改變世界這一新的哲學主題，馬克思哲學建構起了自己獨特的歷史思維方式，從而最終實現了對思辨哲學的思辨主義和政治經濟學的實證主義的超越，也即對實證和思辨的超越。

　　在《德意志意識形態》中，馬克思提出了自己獨特的思想之路：「在思辨終止的地方，在現實生活面前，正是描述人們實踐活動和實際發展過程的真正的實證科學開始的地方。關於意識的空話將終止，它們一定會被真正的知識所代替。對現實的描述會使獨立的哲學失去生存環境，能夠取而代之的，充其量不過是從對人類歷史發展的考察中抽象出來的最一般結果的概括。這些抽象本身離開了現實歷史就沒有任何價值。」[1] 這段話從兩個方面基本闡明了馬克思哲學的歷史思維方式，闡明了對實證主義和思辨主義兩種思維方式的超越。

　　在這段話中，馬克思非常明確表明了自己的思維方式與思辨哲

1　《馬克思恩格斯選集》第 1 卷，人民出版社 1995 年版，第 73-74 頁。

學的思辨主義截然不同，這是很明顯的，也是我們很容易理解的。除這段話以外，在《德意志意識形態》中，馬克思還在很多地方明確闡明了對思辨主義思維方式的拒斥和批判，如：「德國哲學從天國降到人間；和它完全相反，這裏我們是從人間升到天國。」「不是意識決定生活，而是生活決定意識。」「符合現實生活的」考察方法是「從現實的、有生命的個人本身出發」。又如：「不是在每個時代中尋找某種範疇，而是始終站在現實歷史的基礎上，不是從觀念出發來解釋實踐，而是從物質實踐出發來解釋觀念的形成。」[1]可以說，這些闡述，就對思辨主義的拒斥和批判而言，是非常直白的。

然而，馬克思對實證主義的批判卻是比較隱晦的，而且他的一些說法，反而很容易讓人把馬克思哲學的思維方式理解為一種實證主義，把馬克思哲學理解為一種關於社會歷史發展的科學，比如：「真正的實證科學」、「經驗觀察」、「對現實的描述」、「可以用純粹經驗的方法來確認」等。後來，馬克思在《〈政治經濟學批判〉序言》中說，生產的經濟條件方面所發生的變革「可以用自然科學的精確性指明」，[2]以及在《資本論》中把「社會經濟形態的發展是一種自然歷史過程」，並聲稱要揭示出「現代社會的經濟運動規律」，[3]就更加重了這種實證主義的色彩。但是，馬克思從來都不是一個經

---

1 參見《馬克思恩格斯選集》第 1 卷，人民出版社 1995 年版，第 73、92 頁。

2 《馬克思恩格斯選集》第 2 卷，人民出版社 1995 年版，第 33 頁。

3 馬克思：《資本論》第 1 卷，人民出版社 1975 年版，第 11-12 頁。

驗主義者或實證主義者，馬克思對資產階級政治經濟學的實證主義的批判態度，也從來沒有改變。比如馬克思在《德意志意識形態》中說，「只要描繪出這個能動的社會過程，歷史就不再像那些本身還是抽象的經驗論者所認為的那樣，是一些僵死的事實的匯集，也不再像唯心主義者所認為的那樣，是想像的主體的想像活動。」[1] 後來，馬克思乾脆把實證主義稱作「腐朽的實證主義」。[2] 把經驗主義叫做「粗率的經驗主義」，並指出這種「粗率的經驗主義，一變而為錯誤的形而上學、經院主義，挖空心思要由簡單的、形式的抽象，直接從一般規律，引出各種不可否認的經驗現象，或用狡辯，說它們本來和這個規律相一致」。[3] 在此我們可以看到，馬克思是把經驗主義和唯心主義、形而上學、經院主義放到一起來批判的，這與以前對傳統思辨哲學和資產階級政治經濟學的雙重批判是一致的。

但是，僅僅把實證主義歸結為思辨主義，並不能超越實證主義。真正構成對實證主義的超越的，是馬克思哲學的歷史思維方式。它通過歷史性的分析和批判，揭示出資產階級政治經濟學的實證主義所無法揭示的人類存在的社會根源和歷史前提，真正達到對現實的理解。這也構成了對傳統思辨哲學的思辨主義的進一步超越，因為，與政治經濟學的實證主義相比，思辨哲學的思辨主義是

1　《馬克思恩格斯選集》第 1 卷，人民出版社 1995 年版，第 73 頁。
2　《馬克思恩格斯全集》第 31 卷，人民出版社 1972 年版，第 236 頁。
3　馬克思：《剩餘價值學說史》第 1 卷，人民出版社 1975 年版，第 68 頁。

更加遠離現實的。稍加注意就會發現，馬克思在批判實證主義和思辨主義的時候，對人的現實存在的歷史性（過程性、實踐性、能動性）有着充分的自覺意識，並強調歷史性研究的基礎意義。在上面我們所引的段落中，就有這樣的一些說法：「描述人們實踐活動和實際發展過程的真正的實證科學……」、「只要描繪出這個能動的社會過程……」、「始終站在現實歷史的基礎上……」對人的現實存在的歷史性自覺與強調，不僅是馬克思的歷史觀與傳統歷史觀的區別之所在，而且也是馬克思哲學的歷史思維方式與思辨主義和實證主義的思維方式的根本區別之所在。可以說，整個馬克思哲學都是在這種歷史意識的指導下，對資本主義條件下人類的現實存在狀況的歷史性研究，這一研究最終在《資本論》中得以實現。由於缺少這種歷史意識以及對現實的歷史性研究，傳統思辨哲學只能是遵照歷史之外的某種尺度，如「理性」、「自由」等來理解現實歷史，無法揭示和理解資本主義生產方式、以及資本主義的一系列意識形態觀念的歷史性，最終與思辨哲學殊途同歸。

　　雖然資產階級政治經濟學聲稱是從事實出發的實證研究，但它的實證研究卻是在承認甚至神化現存的資本主義生產方式的前提下進行的，它所能夠達到的最多是對資本主義生產方式的理論表述。一方面，它根本不可能意識到自身的歷史性，反而把「生產」、「商品」、「資本」、「利潤」等範疇當作是適用於一切時代的永恆的、普遍的範疇，另一方面，它根本不可能觸及資本主義生產方式本身的歷史性前提。「他們只訴諸實際經驗，而理由和原因仍然是祕

密。」[1]這裏涉及到對從現實出發的不同理解：對資產階級政治經濟學而言，從現實出發就是從資本主義的現實出發，對資本主義生產方式進行經驗描述和實證考察；而對馬克思哲學而言，從現實出發則意味着達到資本主義社會的根源，揭示出資本主義生產方式的歷史性前提。柯爾施認為，馬克思哲學作為一種更為徹底的社會批判，「這個批判通過政治經濟學的批判而達到了社會的根源」。[2]

這樣，馬克思所看到的社會現實，也就根本不同於政治經濟學家眼中的社會現實。

在資產階級政治經濟學家眼中，現實是超歷史的、僵死的、永恆的、天然合理的；而在馬克思眼中，現實則是歷史的、能動的、暫時的、其合理性需要辨明的。資本主義政治經濟學，作為對資本主義的理論表達，就和所有資本主義的意識形態一樣，都只不過是對資本主義的非歷史的、辯護性解釋，即只是用不同的方式「解釋世界」，而馬克思哲學的主題是「改變世界」，這就要求馬克思哲學必須對資本主義進行批判性的、歷史性研究，揭示出資本主義的歷史性前提，揭示出資本主義生產方式的內在規律及其必然滅亡的歷史發展趨勢，從而展現變革資本主義的現實可能性。

第三，在馬克思哲學及其歷史思維方式中，對資本主義的意識

---

1 馬克思：《資本論》第 1 卷，人民出版社 1975 年版，第 256 頁。

2 參見《二十世紀哲學經典文本（西方馬克思主義卷），復旦大學出版社 1999 年版，第 63 頁。

形態批判和歷史性研究，這兩個方面是內在統一的。

對資本主義的意識形態批判，決定了對資本主義的研究必然是一種歷史性研究；而對資本主義的歷史性研究，又進一步明確和堅定了對資本主義的意識形態批判立場。兩者的統一決定了馬克思哲學能夠深入揭示出資本主義生產方式的內在本質和規律，揭示出資本主義社會中人的現實存在的歷史性內涵。如果割裂了兩者的內在統一、僅僅強調其中的一個方面，就會導致對馬克思哲學的曲解：或者把馬克思哲學看作是對資本主義進行意識形態批判的批判哲學，或者看作是對資本主義進行歷史性研究的實證科學。

一方面，歷史思維方式意味着對資本主義採取徹底的意識形態批判。馬克思對資本主義的意識形態批判，是由資本主義生產方式的獨特性所決定的。馬克思認為，資本主義生產方式作為特定歷史條件下的生產方式，不同於其他生產方式的獨特性在於，在資本主義生產方式中，人們在生產中所結成的生產關係只能以物的形式表現出來，並獨立於生產過程和生產者之外，成為統治生產和生產者的似乎有生命的力量。「人與人之間的社會關係可以說是顛倒地表現出來的，就是說，表現為物與物之間的社會關係。」[1] 在這裏，真正的關係顛倒了、隱匿起來了。馬克思非常形象地把這種顛倒比作拜物教[2]——商品拜物教、貨幣拜物教和資本拜物教。資本主義生

---

[1] 《馬克思恩格斯全集》第 13 卷，人民出版社 1962 年版，第 22 頁。
[2] 參見馬克思：《資本論》第 1 卷，人民出版社 1975 年版，第 89 頁。

產方式的這種顛倒本性或拜物教，構成了資本主義社會的深刻的意識形態，是資本主義社會中的人的全面異化或物化的根源。在資本主義社會這個顛倒了的世界中，單憑經驗觀察和實證研究，不可能達到對資本主義現實的真正理解，只有首先對這種顛倒性的或拜物教的意識形態進行批判，把被資本主義生產方式顛倒了的關係再顛倒回來，才能談得上真正理解。而資產階級政治經濟學，作為資本主義生產方式的理論表述，只是對這種顛倒關係的理論表述，它不可能意識到這種顛倒，更不可能對這種顛倒進行剖析和批判。因此，資產階級政治經濟學不可能達到對資本主義現實的真正理解，而只能強化資本主義的拜物教性質。

另一方面，歷史思維方式意味着對資本主義進行歷史性的研究。雖然馬克思哲學對資本主義的意識形態批判是非常強烈的，但是這種意識形態批判，卻並非像空想社會主義那樣，僅僅出於道德義憤或某種抽象的烏託邦理想，而是以對資本主義的歷史性研究為基礎的，這從馬克思對待資本主義的科學態度上也能看出。馬克思並不是盲目地反對資本主義，他還充分肯定了資本主義的合理性方面，如：對生產力的促進作用、對生產關係的革命作用等。這些都是建立在對資本主義的深入的歷史性研究基礎上的。馬克思在《資本論》第二版跋中指出，「研究必須充分地佔有材料，分析它的各種發展形式，探尋這些形式的內在聯繫」。[1] 要研究資本主義，就

1　《馬克思恩格斯選集》第 2 卷，人民出版社 1995 年版，第 111 頁。

必領首先充分掌握關於資本主義的歷史和現實的各種材料，在這一點上馬克思可以說是無與倫比的。眾所周知，為了撰寫《資本論》，馬克思收集和積累了大量的第一手資料，翻閱了各種相關文獻檔案，做了大量筆記。但是，「充分地佔有材料」僅僅是研究的起點，材料本身並不能說明任何問題，因為它們僅僅是對事物的現象形態的描述，還必須對材料進行進一步分析，而這就需要遵循科學研究的客觀規律。這一點從馬克思對辯證法的理解、改造和自覺運用中可見一斑。馬克思剝去了黑格爾辯證法的唯心主義的神祕外殼，「使辯證方法擺脫它的唯心主義外殼，並把辯證方法在使它成為惟一正確的思想發展形式的簡單形態上建立起來。」[1] 作為「惟一正確的思想發展形式」，合理形態的辯證法所揭示的，不過是思維從表像到抽象又從抽象到具體的運動發展過程。[2] 在《資本論》第二版的跋中，馬克思在分析和駁斥關於資本論的方法的各種評論的基礎上，公開宣稱對黑格爾辯證法的繼承關係。

三、人的全面發展：反思人的現實存在的根本尺度

作為意識形態批判和歷史性研究的內在統一，馬克思哲學的歷史思維方式最集中地體現在其自身的形成發展過程中。從博士論文時期的「自由」觀念，到手稿時期的人的「類本質」觀念，再到「現

---

1 《馬克思恩格斯選集》第 2 卷，人民出版社 1995 年版，第 43 頁。
2 參見《馬克思恩格斯選集》第 2 卷，人民出版社 1995 年版，第 17-20 頁。

實的人」觀念，最後達到「人的全面發展」觀念。這一系列不同階段的觀念，既是不同時期馬克思對資本主義進行意識形態批判的思想武器，它們構成了馬克思哲學反思人的現實存在的根本尺度；同時它們又是馬克思在不同時期對資本主義進行歷史性研究所取得的成果的凝結，以這些研究成果為基礎，馬克思對資本主義的批判不斷推進。從馬克思哲學的形成發展過程看，整個馬克思哲學都可以看作是對「改變世界」問題的回答，而「自由」、「類本質」、「現實的人」、「人的全面發展」等觀念，也都是在探索「改變世界」問題的過程中所形成的階段性成果，這些成果同時又構成了反思和批判人的現實存在狀況、進一步探索「改變世界」問題的理論尺度。

　　因此，從總體上看，我們可以把馬克思哲學的最終觀念即「人的全面發展」看作是馬克思哲學的根本尺度，把此前的「自由」、「類本質」、「現實的人」等觀念，看作是這一根本尺度形成過程中的不同環節。從馬克思哲學的「人類解放」根本旨趣的角度看，我們可以把「人的全面發展」，理解為馬克思哲學的根本旨趣即「人類解放」的具體內涵。把「自由」、「類本質」、「現實的人」等觀念，看作是不斷深化和具體化「人類解放」這一根本旨趣的不同環節。

　　「人類解放」，作為馬克思哲學的旨趣，早在 1844 年就已經確立起來了。但是，隨着馬克思對資本主義的社會現實，尤其作為其深刻基礎的資本主義生產方式的深入剖析，「人類解放」的具體內涵即「人的全面發展」，才逐漸明確起來。具體言之，馬克思只是在逐漸認識到資本主義生產方式所造成的人的抽象化、片面化和全

面異化的過程中，才逐漸使「人類解放」的旨趣具體化，即克服人在資本主義社會中的抽象化、片面化和異化，實現豐富的、全面的自由個性，實現「人的全面發展」。而在此之前，馬克思對「人類解放」的理解，總是難以擺脫資產階級啟蒙哲學和費爾巴哈人本學的話語方式。因此，把「人類解放」的深刻內涵確定「人的全面發展」，不僅標誌着馬克思最終擺脫了費爾巴哈人本學的話語方式，而且意味着馬克思對資產階級啟蒙理想的根本超越。「人的全面發展」的理論尺度，是建立在對現實的人的存在狀態的「實證」考察的基礎之上的，是在揭示和批判資本主義生產方式的思想進程中逐漸確立起來的，因而是一個現實的尺度。

然而，更為關鍵的是，「人的全面發展」的尺度，不僅是馬克思哲學對作為人的存在的歷史性前提的資本主義生產方式進行反思和批判的理論尺度，而且也是社會歷史自身演進，尤其是資本主義社會歷史自身發展的內在尺度，或者說，也是作為人的存在的歷史性前提的資本主義生產方式自我反思、自我批判和自我發展的尺度。

馬克思認為，人們是「在直接碰到的、既定的、從過去承繼下來的條件下」自己創造自己的歷史。因此，雖然社會歷史是人類自己創造的，但其發展卻又有着不以人們的意志為轉移的客觀規律。孫正聿教授把社會歷史的這種悖反性稱為「社會歷史的二象性」。[1]

這一句提到上一自然段唯物主義（主要指 18 世紀唯物主義）

1　參見孫正聿：《理論思維的前提批判》，遼寧人民出版社 1992 年版，第 197 頁。

從其自然唯物主義的立場出發來理解社會歷史，把人看作社會歷史的產物，即「環境決定人」，但卻無法唯物主義地理解人如何創造和改造自己的社會歷史，無法解釋社會歷史的發展，即「環境的改變」，因而不得不求助於高於環境、高於社會的天才和英雄，認為，環境的改變只能依靠天才和英雄的出現。這樣必然從唯物主義自然觀走向唯心主義的歷史觀。這正如馬克思在批評費爾巴哈時所說的：「當費爾巴哈是一個唯物主義者的時候，歷史在他的視野之外；當他去探討歷史的時候，他不是一個唯物主義者。在他那裏，唯物主義和歷史是彼此完全脫離的。」[1]而唯心主義（主要指黑格爾哲學）則把社會歷史歸結為觀念或範疇的外化，把歷史的發展歸結為思想的邏輯演進，真實的關係被淹沒在思想的體系之中。唯心主義高蹈於思辨的天國，當然無法理解現實的人及其現實的社會歷史。因此，馬克思哲學之前，「歷史總是遵照在它之外的某種尺度來編寫的」。[2]

　　馬克思哲學立足於實踐，從人們創造自己的社會歷史的實際活動，從人類的社會歷史自身出發，來考察人的現實存在及其歷史發展，發現了「人與環境」的辯證關係：「環境的改變和人的活動或自我改變的一致，只能看作是並合理地理解為革命的實踐」；「人創造環

1　《馬克思恩格斯選集》第 1 卷，人民出版社 1995 年版，第 78 頁。
2　《馬克思恩格斯選集》第 1 卷，人民出版社 1995 年版，第 93 頁。

境，同時，環境也創造人。」[1]人既是環境的產物又是環境的改造者。在此基礎上，馬克思進一步闡明了人作為歷史的前提與作為歷史的結果的辯證關係：「人，作為人類歷史的經常前提，也是人類歷史的經常的產物和結果，而人只有作為自己本身的產物和結果才成為前提。[2]人作為歷史的結果構成新的歷史的前提，人作為歷史的前提只是先前歷史的結果。人作為歷史的前提和結果的辯證運動，就構成人類社會的歷史演進，人類社會的歷史演進也就是人的自我發展。

前文已指出，馬克思從人的存在方式的角度，把人類歷史分為三大階段。在資本主義社會，即「以物的依賴性為基礎的人的獨立性」的第二大階段中，資本主義生產方式構成人類存在的歷史性前提。按照歷史的前提與結果的辯證法，一方面，資本主義生產方式本身也是人類活動的歷史性結果，它構成人類存在的歷史性前提。另一方面，資本主義生產方式作為人類存在的歷史性前提，必將為人類的歷史性活動所改變。然而，問題的關鍵是，在資本主義的意識形態觀念中，資本主義生產方式不是人類活動的歷史性結果，而是天然的、永恆的生產方式；資本主義生產方式也不會為人類的歷史性活動所改變，而只能被進一步強化。與此相應，資本主義社會實現了人類的自由、平等的理想。

當代名噪一時的福山 (Francis Fukuyama) 的名著《歷史的終結和

---

1 《馬克思恩格斯選集》第 1 卷，人民出版社 1995 年版，第 55、92 頁。
2 《馬克思恩格斯全集》第 26 卷，人民出版社 1974 年版，第 545 頁。

最後的人》，非常強烈地體現了這種資產階級的意識形態。歷史終結了，與此同時，人也達到其本性的完成，成為「最後的人」。福山寫道：「當今時代有些國家沒有成功地實現自由民主，另一些可能退回到更為原始的神權統治或軍事獨裁之類的統治形式，然而，自由民主的理想卻不能更為完善了。」[1]

馬克思哲學破除了資產階級意識形態的虛幻的假像，一方面，揭示出資本主義生產方式作為人的存在的歷史性前提的歷史性、暫時性以及必然滅亡的發展趨勢，另一方面揭示出在資本主義生產方式中人的抽象化、片面化、全面異化，及其所蘊含的揚棄異化、實現全面發展的現實可能性。在馬克思看來，資本主義的自我否定是歷史的必然趨勢，同樣人的全面發展也是歷史的必然趨勢。早在《1844 年經濟學哲學手稿》中，馬克思就已經意識到，「自我異化的揚棄同自我異化走的是一條道路」。[2]後來在《1857—1858 年經濟學手稿》中，馬克思更清醒地認識到，資本主義生產方式在產生了「人的全面異化」的同時，又產生了克服這種異化的前提條件，即高度發展的生產力和普遍的交往。

因此，馬克思指出，「雖然在資本主義生產方式中，財富表現為生產的目的，但是，如果拋掉狹隘的資產階級形式，那麼，財富

---

1 轉引自德裏達：《評福山的〈歷史的終結和最後的人〉》，載《馬克思主義與現實》1997 年第 3 期。

2 馬克思：《1844 年經濟學哲學手稿》，人民出版社 2000 年版，第 78 頁。

豈不正是在普遍的交往中造成的個人的需要、才能、享用、生產力等等的普遍性嗎？財富豈不正是人對自然力——既是通常所謂的『自然力』，又是人本身的自然力——統治的充分發展嗎？財富豈不正是人的創造天賦的絕對發揮嗎？這種發揮，除了先前的歷史發展之外沒有任何其他前提，而先前的歷史發展使這種全面的發展，即不以舊有的尺度來衡量的人類全部力量的全面發展成為目的本身。在這裏，人不是在某一種規定性上再生產自己，而是生產出他的全面性；不是力求停留在某種已經變成的東西上，而是處在變易的絕對運動之中。」[1]

馬克思曾指出，「片面性」是人類歷史發展的形式，即歷史總是以某種「退步」的形式實現自己的進步。資本主義把人從封建專制和宗教神學的外在的束縛中解放出來，卻使人淪為自己創造物和自己關係的奴隸，因而陷入全面的自我異化之中，而歷史的發展必將克服這種片面性，克服這種全面的人的自我異化，把人的社會關係置於自己的支配之下，而這正是「人的全面發展」的實現。「全面發展的個人——他們的社會關係作為他們自己的共同的關係，也是服從於他們自己的共同的控制的——不是自然的產物，而是歷史的產物。」[2]因此，在馬克思看來，人的存在的第三大歷史形態，即「建立在個人全面發展和他們的共同的社會生產能力成為他們的社

---

1 《馬克思恩格斯全集》第 46 卷（上），人民出版社 1979 年版，第 486 頁。
2 《馬克思恩格斯全集》第 46 卷（上），人民出版社 1979 年版，第 108 頁。

會財富這一基礎上的自由個性」，是歷史的必然趨勢。正如張一兵先生所説，「人的全面發展」作為「歷史的產物」，「它不是一種應該存在的價值設定，而是歷史發展的一種客觀指向」。[1]

　　由此可見，「人的全面發展」作為馬克思哲學反思和批判資本主義生產方式的根本尺度，是其在對資本主義生產方式的深刻剖析中生長出來的，既是對作為人的存在的歷史性前提的資本主義生產方式進行理論批判的理論尺度，又是資本主義生產方式自我批判的歷史的內在尺度。而作為兩者的統一，「人的全面發展」的尺度既是時代的尺度與歷史的尺度的統一，又是人類的尺度與個體的尺度的統一。

　　首先，「人的全面發展」的尺度是時代的尺度與歷史的尺度的統一。一方面，「人的全面發展」是馬克思哲學反思和批判資本主義這一特殊歷史時代的尺度。以此為尺度，馬克思哲學肯定了資本主義生產方式對封建主義的歷史進步性，確立了人的獨立性，同時又穿透了資產階級意識形態的迷障，深刻地揭示出資本主義社會中人的抽象化、片面化、全面異化。另一方面，「人的全面發展」又是歷史發展的客觀趨勢，「人的全面發展」的尺度是歷史的內在尺度。這一尺度超出了舊哲學關於人的本性的種種設想，也超出了空想社會主義單純的道義理想的範圍，它是馬克思哲學通過對整個人類歷史發展的研究而得出的結論。因此，它不僅是反思和批判資本

1　張一兵：《回到馬克思》，江蘇人民出版社 1999 年版，第 629 頁。

主義時代的尺度，也是評判人類歷史發展的一切時代人類存在狀況的終極尺度。

其次，「人的全面發展」的尺度是人類的尺度與個體的尺度的統一。眾所周知，馬克思哲學的立場是無產階級的立場，而無產階級的立場也就是人類的立場。馬克思哲學總是站在人類的高度批判現實、展望未來，「人的全面發展」是人類發展的終極尺度，是「人類解放」的真實內容。這種人類的立場，使得馬克思哲學根本超越了資產階級狹隘的階級立場，實現了對資產階級意識形態的批判與揭露。同時，馬克思哲學所理解的人類，又不是超越於個體之上的抽象，人類是由個體構成的，離開個體也就無所謂人類。因此，「人的全面發展」的真實內容也就是「每個人的全面而自由的發展」。[1]人類的未來——「共產主義」也就是個人的「自由個性」的真正實現，是「自由人的聯合體」，在其中，「每個人的自由發展是一切人的自由發展的條件」。[2]資產階級思想家正是離開具體的個體而空談抽象的人類，因而他們不理解在資本主義條件下，個體的自由是建立在物的依賴性的基礎上的，少數人的自由的實現是以多數人的自由的喪失為基礎的。

「人的全面發展」既是時代性與歷史性相統一的尺度，又是人類性與個體性相統一的尺度，因而是一現實的尺度。在馬克思哲學

1　馬克思：《資本論》第 1 卷，人民出版社 1975 年版，第 649 頁。
2　《馬克思恩格斯選集》第 1 卷，人民出版社 1995 年版，第 294 頁。

中，這一根本尺度本身是在對資本主義生產方式的批判性研究過程中逐漸建立起來的，與此同時，依據這一根本尺度又實現了對資本主義生產方式進行了深入的反思和批判，不僅揭示出資本主義生產方式的內在本質和規律，而且揭示出資本主義生產方式的自我否定，即人的存在的歷史性前提的根本轉換的必然趨勢，從而使「改變世界」的問題獲得了現實的回答。因此，在馬克思哲學看來，「人類解放」即「人的全面發展」不是一個現代「神話」或「故事」，而是歷史發展的必然趨勢，是一個的現實的社會理想。

因此，如果在一定意義上，我們也把馬克思哲學看作是一種意識形態的話，那麼，我們應當意識到，它不是一種普通的意識形態，而是一種自覺的意識形態。這種自覺性，首先體現在馬克思哲學對自己的階級立場的自覺，即對資本主義的批判。但更根本的是，馬克思哲學對資本主義的意識形態批判立場，是以對資本主義的歷史性研究為基礎，並且是隨着研究的不斷深入而不斷自我超越的。這也正是馬克思哲學的高明之處。馬克思哲學作為一種意識形態，高於其他意識形態的地方，就在於這種基於歷史性研究的自覺性和自我超越性。正如詹明信所說的，理論之間競爭的關鍵，在於誰能意識到自己是意識形態，並在此基礎上實現突破，創造出一個新的意識形態論述。[1]

1　參見張旭東：《詹明信再解讀》，載於《讀書》2002 年第 12 期，第 8 頁。

◆ 第四章 ◆

馬克思哲學主題的現代意蘊

　　馬克思哲學超越了近代哲學的主題，實現了哲學主題的根本轉換，因而馬克思哲學當然屬於現代哲學的範疇，而且是現代哲學的開創者。馬克思哲學的現代意蘊是毋庸置疑的，國內外許多學者都強烈地感受到其巨大魅力和強勁的生命力，並且發出「馬克思是我們的同時代人」的感慨，提出「回到馬克思」的倡言。

　　然而，問題的關鍵在於如何合理地闡發馬克思哲學的現代意蘊，從而展現馬克思哲學的內在生命力。

　　這正是當前學界異常關注的問題。我們將從馬克思哲學的主題與現代哲學的主題的內在關聯，以及馬克思哲學的主題對哲學的未來走向的啟示和範導，兩個方面來展現馬克思哲學的現代意蘊。

第一節　馬克思哲學主題與現代 哲學主題的內在關聯

　　馬克思哲學的現代意蘊，集中體現在馬克思哲學主題的現代意蘊。正如前文已經提及的，馬克思哲學，作為時代精神的精華，它的主題同時也是時代的主題，這一時代的主題，也必定會被同時代

的現當代的哲學家們捕捉到。現當代哲學同樣也實現了哲學主題的轉換（這一轉換過程今天仍在繼續着）。正是在這個意義上，我們說馬克思哲學的主題也是整個現代哲學的主題，並從它們的一致性的角度，把馬克思哲學的主題表述為「存在的合法性問題」。

一、現代哲學主題轉換的內在邏輯

西方現代哲學雖然流派眾多，異彩紛呈，但是卻有着共通之處，並且在其演進中逐漸顯露出相互融合的趨勢。貫穿現代哲學各流派之中的共通性，大致可以從兩個方面來說：從否定的方面來說，即「拒斥形而上學」；從肯定的方面來說，即「回歸生活世界」。

「拒斥形而上學」是現代哲學最響亮的口號。這一口號儘管是邏輯實證主義提出的，卻對整個現代哲學具有普遍的意義。

科學主義（主要指邏輯實證主義）之所以拒斥形而上學，是因為在它們看來，形而上學的命題都是無意義的假命題。在早期維特根斯坦看來，形而上學命題是無意義的，形而上學問題本身也是無意義的。「關於哲學問題所寫的大多數命題和問題，不是假的而是無意義的。因此我們根本不能回答這類問題，而只能確定它們的無意義性。哲學家們的大多數命題和問題，都是因為我們不懂得我們語言的邏輯而產生的。」[1]

在維特根斯坦的基礎上，卡爾納普把所有命題分為「分析命

1　維特根斯坦：《邏輯哲學論》，商務印書館 1996 年版，第 41 頁。

題」、「綜合命題」和「形而上學命題」三類。「分析命題」是邏輯地必真或必假的命題；「綜合命題」是對世界有所描述的科學命題，是具有或然性但可以經驗驗證的命題。「形而上學命題」既不屬於分析命題，也不屬於綜合命題，因而是「假命題」，它們或者包含着無意義的詞，或者不合邏輯句法，實際上也沒有與之相對應的經驗內容，它們雖有命題之形，卻無命題之實，表面上好像陳述事實，但卻沒有任何意義。所以卡爾納普認為，傳統形而上學只「給予知識的幻相而實際上並不給予任何知識」，因而必須加以拒斥。卡爾納普還從語言的「表述」和「表達」兩種職能的區分出發消解傳統哲學，認為其中的形而上學部分雖然是對世界斷言，但是根本沒有陳述事實，而只能理解為某種情感意志傾向的表達，因而可以劃歸詩歌或藝術的範疇；傳統哲學中的心理學部分可以劃歸經驗科學的範疇；傳統哲學只能保留邏輯學這一部分內容，因此，哲學惟一正當的功能就是邏輯分析，哲學的惟一任務就是對科學進行語言的邏輯分析，或用維特根斯坦的話說：「全部哲學都是一種語言批判」，即通過對語言的邏輯形式的分析，「從邏輯上澄清思想。」這樣一來，哲學也就成了「科學的邏輯」。

對於科學主義而言，「拒斥形而上學」有着雙重含義：一方面，通過對傳統哲學尤其是形而上學語言的邏輯分析和批判，揭示其無意義性，進而達到消解傳統哲學的目的；另一方面，通過對科學命

1　維特根斯坦：《邏輯哲學論》，商務印書館 1996 年版，第 42 頁。

題和科學語言的邏輯分析，澄清和確定科學命題的意義，力圖把哲學變為「科學的邏輯」，從而明確了哲學發展的科學主義或邏輯主義趨向。無論邏輯實證主義遭到多少批評，以及進行了多少自我修正，對傳統形而上學的排拒卻是一以貫之的。

　　人本主義（主要指存在主義）同樣也拒斥傳統形而上學。人本主義對傳統形而上學的否定並不比科學主義溫和，所不同的是，科學主義否定一切形而上學，而人本主義所否定的則是傳統形而上學，並企圖在新的基礎上重建形而上學。例如，存在主義大師海德格爾認為，自柏拉圖以來，西方傳統形而上學一直探討「存在」，但實際上卻把「存在」歸結為「存在者」，這樣就混淆了「存在」與「存在者」之間的「本體論區分」，致使「存在」一直被遺忘着、遮蔽着。海德格爾指出，「所有形而上學都只從存在者方面來解釋存在」。[1] 在批判傳統形而上學的基礎上，海德格爾把探究「存在」本身、揭示「存在」的意義，作為他的「基礎本體論」的主要任務。海德格爾認為，「存在」的意義只有通過「此在」才有可能顯現出來，因為只有作為「此在」的人才追問「存在」的意義。「存在」是人的特權，「存在」的意義就是人的存在意義。人本主義或存在主義之所以要克服傳統形而上學，就是因為它不問人的存在意義，而是以一種「主—客二元對立」的本質主義的思維方式思考抽象的「存在」，把存在實體化為「存在者」而遮蔽了「存在」本

1　轉引自陳嘉映：《海德格爾哲學概論》，三聯書店 1995 年版，第 326 頁。

身及其意義。與此相對，存在主義倡導一種現象學的思維方式，力求展現人的真實存在或生存本身。因為人並不是一種普通存在者，他們存在着，他的存在或生存不能把握為任何抽象的觀念或思想規定。人是一種能夠自由選擇自己的存在的「能在」。「他們自由地選擇自我，創造自我，他們是自己的作品。」[1]

因此，人本主義或存在主義作為克服了傳統形而上學之後的「現代形而上學」，不是重新建構一個無人的實在論的形而上學，而是關注人的現實生存，尤其是個體的生存體驗，為人類的生存構造一個意義的世界或「生活世界」，尋求人的存在的真實根基或意義，重構一種生存論的形而上學。

從人本主義或存在主義對傳統形而上學的批判，以及對現代形而上學的重建，可以很清楚地看出，現代哲學把人的存在置於哲學的中心位置，它所關注的核心問題是人的存在及其意義問題，實現了哲學向現實的「生活世界」的回歸。與此同時，科學主義在自己的邏輯演進中也實現了向「生活世界」的回歸。早期科學主義對形而上學的摒棄，鮮明地表達出對形而上學脫離現實世界的抽象思辨的厭惡，把經驗科學看作是對現實世界的惟一真實的表達。雖然從表面上看，科學主義所關注的科學或語言問題似乎與人無關，但是與近代哲學所關注的抽象的內在的意識或抽象的理性相比，科學、語言問題則更為貼切生活；而且科學主義在其發展過程中，也逐漸

1　保羅·富爾基埃：《存在主義》，上海譯文出版社 1988 年版，第 42 頁。

顯現出向更為豐富的、更為真實的「生活世界」回歸的趨向。

這主要表現在：其一，分析哲學由早期的邏輯分析，演化為日常語言分析以及分析哲學與實用主義的結合，簡言之，即實現了由「語義學」到「語用學」的轉向；其二，科學哲學由早期的證實主義，演化為卡爾・波普爾（Karl Popper）的批判理性主義以及託馬斯・庫恩（Thomas Samuel Kuhn）、伊姆雷・拉卡託斯(Imre Lakatos)、保爾・費耶阿本德(Paul Feyerabend)的歷史主義，以及拉里・勞丹（Larry Laudan）和敦德萊・夏佩爾(Dudley Shapere)的新歷史主義，簡言之，即實現了由「邏輯主義」到「歷史主義」的轉向。經過「語用學」轉向和「歷史主義」轉向之後，科學主義就進入到人類的現實生活和歷史發展的廣闊領域，把整個現實的「生活世界」，作為考察科學的邏輯的思想背景或理論前提。因此，「回歸生活世界」是現代哲學的兩大流派的共同趨向，也是它們相互融通的契合點。

「拒斥形而上學」、「回歸生活世界」，不僅意味着現代哲學實現了哲學視野的根本轉移：即由抽象的「思想世界」向現實的「生活世界」的轉移，而且在這種視野轉移過程中，也逐漸實現了哲學主題的轉換。

傳統哲學只停留在抽象的思想領域中，並以超脱現實世界而自豪。靜觀、玄想、思辨、推理，是傳統哲學的運思方式，它所要揭示的是現實的事物背後的抽象的本質，並且認為只要在思想中把握了事物的本質，就能夠在實際中主宰現實事物。這樣，也就把事物

歸結為思想，像黑格爾所認為的那樣，「思想是事物的本質」，世界被抽象化了。不僅如此，在這個「思想世界」中，人也被抽象化了，人只能作為抽象的「主體」或作為「能思者的思維」（黑格爾語）出現；而作為知情意一體的、負載着歷史文化的現實的人，被歸結為「無人身的理性」。這樣一來，在這種抽象的「思想世界」中，人的現實的感性活動也就沒有立足之地，相反地，思想自身的運動被理解為最現實的、最本質的實踐活動。

現代哲學打破了僵固的思辨的樊籬，使哲學由超驗的、虛幻的、福樂的「天國」，下降到現實的多災多難的、同時又豐富多彩的「塵世」。在現代哲學看來，事物都是在與人的關聯中向人呈現的，在人的經驗活動中向人生成的；隱藏於事物背後的抽象的本質是不存在的，也是毫無意義的。世界不是與人相外在的，人「在世界中」，並以自己的全部意識和活動構建着自己的現實的「生活世界」。而且，這裏的人不再是理性的化身，而是有着獨特的豐富的個性的個體存在，一個活生生的人；建構生活世界的活動也不再是抽象的思想自身的活動，而是人的現實的感性活動。這就是現代哲學所展現的現實生活世界。因此，現代哲學認為，思想的任務不是揭示世界和事物的深層本質，然後以深層的本質解釋和說明表層的現象。這種本質主義、理性主義的思維方式，是無法真正把握現實的生活世界的，不僅如此，而且還會遮蔽、歪曲甚至扼殺現實生活世界的豐富性、多樣性、現實性等。

有鑒於此，現代哲學轉而強調非理性因素在把握現實生活世界

中的作用和意義。現代哲學家普遍認為，直觀、體驗、領悟、描述才是把握現實世界的本真方式，比如，胡塞爾的「本質直觀」、維特根斯坦的「不要想，而要看」以及海德格爾的「領會」等，都是這種運思方式的體現。這便是現代哲學所創立的所謂「現象學」的思維方式，它根本拋棄了理解世界和事物的「本質—現象」二元對立的本質主義或科學主義的思維方式，它不再企圖揭示什麼內在的本質，而力求「面向事情本身」，真實地展現世界和事物的本真面貌。這些充分表明，現代哲學實現了哲學視野由抽象的「思想世界」向現實的「生活世界」的轉移。

　　現代哲學在實現哲學視野轉換的過程中，更實現了哲學主題的轉換。現代哲學在對現實生活世界的關注中，所蘊含的深層意旨在於對人的現實生活狀況的關注，是對人的現實存在的理論反思，對人的存在意義的追問。這一深層意旨，意味着現代哲學已經完全超出了近代哲學的「思想的客觀性問題」，並確立起了一個嶄新的哲學主題。因此，我們認為，不能僅僅停留在現代哲學的理論表面，把現代哲學的革命僅僅理解為哲學視野的轉移，而還必須深入到現代哲學的核心，認識到這種視野轉移背後所蘊涵的深層的哲學主題轉換，即從哲學主題轉換的角度來理解現代哲學對於近代哲學的革命性變革。這樣看來，如何理解現代哲學革命這一問題的關鍵，就不在於籠統地討論現代哲學如何實現了哲學視野的轉移，而在於弄清楚：現代哲學是轉向新視野去尋求舊的問題的答案呢，還是轉向新視野發現並全力探討新的問題？如果是前者，那麼現代哲學就僅

僅是近代哲學的延續，也就談不上現代哲學的革命。只有後者才能確定現代哲學對近代哲學的革命。

如果我們簡略地回顧一下現代哲學的歷史演進過程就會發現，現代哲學的演進過程，正是由轉向新視野解決舊的哲學問題到在新的哲學視野中發現新問題的過程。這正是現代哲學所實現的哲學主題轉換的內在邏輯。

現代哲學是打着「回到康德去」的旗號登場，以承續和回答康德問題（也即近代哲學的主題）為己任的。「把現今的哲學和以往的哲學聯繫起來的許多歷史線索當中，對康德哲學的關係具有特別重要的意義。」[1] 現代哲學主要是不滿意黑格爾哲學對康德問題即「知識何以可能」問題的解決，因而把黑格爾哲學看作是傳統形而上學的典型而予以拒斥，[2] 主張回到康德哲學：一方面是回到康德哲學的原初問題即「知識何以可能」問題；另一方面是回到康德對這一問題的回答所提示的思路。眾所周知，康德哲學是以「物自體」和「現象」的區分，進而以感性、知性和理性（狹義的理性）的劃分，來回答「知識何以可能」問題的。康德的這種回答遭到了後人的激烈批評。因為康德的回答一方面限制了知識或導致了不可知論，另一方面又造成了理性（廣義的理性）的分裂。

1　施太格繆勒：《當代哲學主流》，商務印書館 1986 年版，第 16 頁。

2　現代哲學的兩大派，即科學主義和人本主義，都是從各自的思想立場出發對黑格爾哲學進行了激烈的批判。參見孫正聿：《理論思維的前提批判》，遼寧人民出版社 1992 年版，第 231-232 頁。

　　然而，在現代哲學看來，康德的回答卻提示出了三條進一步解決這一問題的道路。第一條道路，是最大限度地擴張理性的能力，使之能夠統攝感性、知性，並且能夠達到「物自體」。這是黑格爾所走的思辨哲學的道路，其結局必然是高揚理性，或所謂「理性的放盪」。黑格爾的這條道路遭到現代哲學的一致反對；第二條道路，是把理性嚴格限制在經驗的範圍內，而只關心經驗知識可靠性的基礎及其得以可能的先驗基礎，即邏輯形式，把「物自體」作為無意義的東西乾脆拋棄掉。這是邏輯經驗主義所走的科學的道路，或所謂「謙虛的理性」；第三條道路，同樣是一條科學的道路，它不僅拋棄掉了「物自體」的先驗設定，而且把先驗主體也懸置起來，而只關心經驗向意識的原初呈現，即所謂「事物本身」。

　　第三條是胡塞爾早期現象學所走的道路。胡塞爾認為，「康德哲學……還遠沒有完成對哲學、對一切科學的總體奠定真正徹底的基礎的任務」。[1] 因為，康德預設了先驗主義的存在以及先驗主體與「物自體」的二元對立，這樣不可能為科學確定絕對無條件的基礎，因而，康德哲學是不徹底的。而胡塞爾力圖破除任何先驗主義的設定，徹底地解決康德問題。胡塞爾說，「缺乏徹底性正是我們所力圖克服的。」[2] 他遵循笛卡爾主義的徹底懷疑的原則，不僅懸置客觀世界（「物自體」），而且也把康德的先驗主體懸置起來，力圖

1　胡塞爾：《胡塞爾選集》（下），上海三聯書店 1997 年版，第 1082 頁。
2　胡塞爾：《胡塞爾選集》（下），上海三聯書店 1997 年版，第 1082 頁。

面向「事情本身」，為科學或「思想的客觀性」確定一個絕對可靠的基礎，尋求「知識何以可能」的「一切原則的原則」。因此，葉秀山先生認為，「在現代現象哲學中，哲學的基本任務並沒有變：尋求一個確定的、必然的、絕對的知識。」[1]

早期分析哲學（邏輯經驗主義）所面對的，實際上也是一個康德問題。一方面他們以分析命題和綜合命題的區分為基礎，認為不存在「先天綜合命題」，因而作為「先天綜合判斷如何可能」的康德問題是無意義的。這樣，他們表面上拋棄了康德的原初問題，然而，他們又在更深層次上承接了康德問題，即承認康德所探討的「知識的基礎」問題（也就是近代哲學的「思想的客觀性問題」）仍然是有意義的，並且對這一問題作了經驗主義和邏輯主義的回答。阿佩爾指出，「康德關於科學知識對任何意識而言的客觀性問題，就由現代科學邏輯（即早期分析哲學——引者注）通過邏輯句法和邏輯語義學把它解決了。邏輯句法和邏輯語義學將保證科學假設或理論的邏輯一致性和可證實性（可確證性）」。[2]

同樣我們認為，現代解釋學早期（施萊爾馬赫（Friedrich Schleiermacher）、狄爾泰(Wilhelm Dilthey)）所面對的，也是一個類似康德的問題，即「精神科學」的基礎問題或「『精神科學』何以可能？」的問題。它並沒有意識到康德哲學的內在困境，因此不是

1　葉秀山：《思·史·詩》，人民出版社 1988 年版，第 70 頁。
2　阿佩爾：《哲學的改造》，上海譯文出版社 1997 年版，第 89 頁。

通過發展康德的思路來解決「知識何以可能」的問題，而是深受康德哲學的影響，模仿康德的思路（追問「知識何以可能？」）來追問「解釋何以可能？」的問題。正因如此，施萊爾馬赫被譽為「解釋學的康德」。這一點在狄爾泰的解釋學思想中體現得更鮮明。

　　狄爾泰區分了自然科學和精神科學，並企圖為精神科學奠定認識論和方法論的牢固基礎。如果說康德是通過他的「純粹理性批判」為自然科學奠基的話，那麼狄爾泰則是通過他的「歷史理性批判」為精神科學奠基。解釋學以其對「理解」的內在結構的分析使之成為精神科學基礎。解釋學以其對「理解」的內在結構的分析，使之成為精神科學基礎。不僅如此，狄爾泰進一步認為「理解」不僅是精神科學的方法，而且也是比自然科學的經驗方法更為基礎的普遍的科學方法，因為「理解」是內在於人的生命之中的。這樣一來，解釋學就被看作是所有科學──既包括精神科學，也包括自然科學──的基礎。

　　由此可見，康德問題的確構成了現代哲學的出發點，對它的深入探討，卻使現代哲學走出了康德哲學的陰影，進而超越康德問題，確立了新的哲學主題。正如阿佩爾所指出的，雖然康德問題仍然是現代哲學的中心課題，但是對康德問題的現代回答，「並不會導致向康德的先驗『意識本身』的哲學回歸」[1]。

　　徹底解決康德問題的願望，促使胡塞爾哲學由「純粹意識」進

1　阿佩爾：《哲學的改造》，上海譯文出版社 1997 年版，第 156 頁。

入「生活世界」。胡塞爾曾追求一種意識的絕對自明性作為科學的基礎，但是後來他認識到，意識的絕對自明性是以在它之外的更為原初的「生活世界」為前提的。「生活世界是永遠事先給予的、永遠事先存在的世界……一切目標以它為前提，即使在科學真理中被認知的普遍目標也以它為前提。」[1]「我們整個的生活活動和工作世界，顯然都處於那生活世界意義上的總體的存在界中。」[2]「生活世界」乃是一個前科學的、非主題化的、不受任何理論、傳統和習慣影響的、人們直接面對並生活於其中的世界。對於胡塞爾本人而言，他提出「生活世界」的概念，並不意味着他放棄了早年的「嚴格科學」的理想，而且胡塞爾明確地把「生活世界」看作一個先驗的概念，並反對以「日常生活世界」去理解這個先驗的「生活世界」。因此，倪梁康先生認為，「『生活世界』……它僅僅是胡塞爾『先驗還原』方法所指出的各條道路中的一條可能的道路，即一條與他早期的『康德－本體論道路』相近的還原之路。」[3]然而，我們應當看到，胡塞爾的思想經歷了一個根本性的轉變：他不再僅僅在純粹意識的範圍內解決康德問題，而是轉向了「生活世界」，即「那個更為寬廣的、乃至最寬廣的生存範圍」，在廣闊的思想視野中思考康德問題、反思當前歐洲人所面臨的精神危機。因此胡塞爾

1　胡塞爾：《胡塞爾選集》（下），上海三聯書店 1997 年版，第 1087 頁。

2　胡塞爾：《胡塞爾選集》（下），上海三聯書店 1997 年版，第 1084 頁。

3　胡塞爾：《胡塞爾選集》（下），上海三聯書店 1997 年版，第 939 頁。

認為，真正的哲學應該致力於改善人類，而不是只關心與人類具體福利有關的科學真理。[1] 這在一定意義上就超出了康德問題的範圍。

胡塞爾之後，現象學的發展基本上是沿着「生活世界」所開闢的道路前進的。海德格爾、舍勒（Max Scheler）等人剝去了「生活世界」的先驗意義，而在「日常生活世界」上大做文章，從而也就根本超越了康德問題，充分突顯出了人的存在意義問題並把它作為哲學的新的主題。

類似的哲學主題轉換的過程，也發生在分析哲學和現代解釋學的邏輯演進中。以維特根斯坦為例，分析哲學在後期維特根斯坦那裏，實現了一個類似於胡塞爾的「生活世界」轉向的哲學視野的轉移，即由狹隘的純粹的邏輯領域轉向廣闊的日常語言領域。按阿佩爾的說法，即由「邏輯句法學和邏輯語義學」轉向「語用學」。後期維特根斯坦把「意義理論」由狹義的邏輯語義學擴展到廣義的日常語用學，並得出了一個具有深遠影響的結論——意義即用法。「在我們使用『意義』這個詞的各種情況中有數量極大的一類——雖然不是全部——，對之我們可以這樣來說明它：一個詞的意義就是它在語言中的使用。」[2] 這樣，就不僅把語言「從形而上學的使用帶回到日常的使用上來」，[3] 而且還把語言同「生活

1　參見趙敦華：《現代西方哲學新編》，北京大學出版社 2000 年版，第 165 頁。

2　維特根斯坦：《哲學研究》，商務印書館 1996 年版，第 31 頁。

3　維特根斯坦：《哲學研究》，商務印書館 1996 年版，第 73 頁。

形式」緊密結合在一起甚至等同起來。

　　後期維特根斯坦還剖析了多種多樣的「語言遊戲」樣式，為我們展現了一個真實的、卻一直被遺忘和遮蔽的語言的「生活世界」。正如江怡先生指出的，「正由於這個世界過於真實，才使人們不易察覺它的存在。而維特根斯坦哲學，就是要讓人們看到這個世界的真實存在，讓人們回到最基本、最原始的語言活動，回到前科學的、前哲學的狀態，從這種語言的世界中尋求被現代社會遺忘了的人的存在的意義」。[1] 這正印證了早期維特根斯坦在《邏輯哲學論》中所說的，「我的語言的界限意謂我的世界的界限」。[2] 也正如阿佩爾指出的，「行為、世界解釋和語言使用，必定『交織』在語言遊戲中而成為某個社會生活形式的組成部分──在我看來，這一點標誌着哲學的一個全新的支點，不論他情願與否，後斯維特根斯坦已經把這個新支點提供出來了。」[3] 在這裏，我們明顯感受到維特根斯坦與海德格爾的一致性，即對人的存在意義的關切。因此，在後期維特根斯坦哲學中同樣發生了一個哲學主題的轉換。

　　現代解釋學的邏輯演進及其根本轉向，是與伽達默爾的名字聯繫在一起的。他明確意識到，解釋學「必須從狄爾泰所開創的道

1　江怡：《維特根斯坦：一種後哲學文化》，社會科學文獻出版社 1998 年版，第 19 頁。

2　維特根斯坦：《邏輯哲學論》，商務印書館 1996 年版，第 85 頁。

3　阿佩爾：《哲學的改造》，上海譯文出版社 1997 年版，第 186-187 頁。

路走向新的道路。」[1] 伽達默爾深受海德格爾哲學的影響，他把「理解」看作是人的存在方式，而不僅僅是主體認識客體的一種意識活動，把解釋學看作是對人的存在方式的解說，而不僅僅是一種方法論，從而實現了解釋學的現代轉向，即使之成為「哲學解釋學」。因此，解釋學研究的目的，就不再像施萊爾馬赫和狄爾泰所理解的那樣，僅僅是為「精神科學」提供方法論或認識論基礎，而是對人的獨特的存在方式的分析和說明。解釋學的主題發生了根本轉換。通過對作為「此在本身的存在方式」的「理解」的分析，突顯了人的存在的情景性、歷史性、語言性、有限性、生成性和開放性等特性。正是在此意義上，伽達默爾一再強調，他的解釋學是本體論的，而不是方法論的。伽達默爾認為，對於當前的人類生存而言，最大、最迫切的問題莫過於人自我理解，這也是他的哲學解釋學所最為關注的主題。伽達默爾曾在《20 世紀的哲學基礎》一文中指出，「我們必須更為尖銳地提出我們時代的問題，即在一個完全由科學支配的社會現實中人如何理解自己。」[2] 與此同時，伽達默爾又把人的自我理解、自我定位（「知道你是一個人，不是神」），看作是擺脫當前人類生存困境的關鍵，「能夠解脫、獲得自由的方式只能是自我認識。」[3] 正如劉文旋先生指出的，對「新解釋學」（伽達

1　伽達默爾：《真理與方法》，上海譯文出版社 1999 年版，第 225 頁。

2　伽達默爾：《哲學解釋學》，上海譯文出版社 1994 年版，第 111 頁。

3　參見伽達默爾：《科學時代的理性》，國際文化出版公司 1988 年版，第 131-132 頁。

默爾）而言，「新問題也不再是去問『我們怎樣知道？而是去問：『通過理解而存在的那種存在者的存在方式是什麼？』」[1]

伽達默爾不僅通過「歷史」和「語言」為我們展現了一個豐厚的歷史文化的意義世界，展現了人的存在的「本體論基礎」，而且自覺地接續古希臘實踐哲學的偉大傳統，致力於召喚沉寂已久的實踐智慧，通過對世界以及人類自身的全新自我理解，彌合現代社會中的「主體間性的斷裂」和「自我疏遠」，拯救危機中的人類文明。這就是伽達默爾所理解的「作為實踐哲學的解釋學」。由此可見，與海德格爾、後期維特根斯坦等人一樣，伽達默爾也把人的存在方式、人的存在意義作為自己的「哲學解釋學」的主題。

作為融合分析哲學和解釋學兩大現代哲學主流的思想家，阿佩爾也曾像胡塞爾一樣，認為康德問題仍然是現代哲學的中心課題，並且也把自己的工作定位於對康德問題的回答，但是他也不得不承認，對康德問題的現代回答，「並不會導致向康德的先驗『意識本身』的哲學回歸」，而是進入到一個「語言以及語言交往共同體」。[2]這個「語言交往共同體」不僅預設了一個「理想的、無限的共同體作為一個終極目的」，[3]而且只有預設一個理想的、無限的交往共同體，才能使一種「批判性的社會科學」成為可能，才能設想一種

1　劉文旋：《新解釋學及其效果》，載《馬克思主義研究》1999 年第 2 期。

2　阿佩爾：《哲學的改造》，上海譯文出版社 1997 年版，第 156 頁。

3　阿佩爾：《哲學的改造》，上海譯文出版社 1997 年版，第 131 頁。

「解釋的進步」和「實踐的進步」，[1]這樣就與馬克思主義或新馬克思主義的「解放策略」溝通起來。「因為顯而易見，實現理想交往共同體的任務也意味着揚棄階級社會，用交往理論的話説，也意味着消除人際間對話的一切由社會條件決定的不規則性。」[2]

　　如何實現一個平等參與、誠懇對話、自由交往的「理想共同體」，是包括阿佩爾在內的眾多現代哲學家，如伽達默爾、哈貝馬斯、羅蒂等共同關注的問題。這個問題已經不再是抽象的思想的客觀性問題了，而是與當前人類的生存危機緊密相關的問題，是人的存在意義問題或人類「存在的合法性問題」。正如伯恩斯坦所説，「一旦當全部滅亡的威脅好像不再是抽象的可能，而成為最為緊迫和真正潛在可能性時，更為緊迫的是要再三努力地培養這些形式的公共生活，以使對話、交談、提出問題和實現目標的智慧和實踐言談及判斷，正確地體現在我們日常的實踐中。這是一個對伽達默爾、哈貝馬斯、羅蒂和阿倫德的見解的共同的歸宿。」[3]

　　這一主題在以盧卡奇（Georg Lukács）、馬爾庫塞、霍克海默、阿爾都塞、哈貝馬斯等為代表的西方馬克思主義，以及以德里達、利奧塔（Jean-Francois Lyotard）、福柯（Michel Foucault）等為代表的所謂「後現代主義」中，有着更為鮮明、甚至誇張的表達。

1　參見阿佩爾：《哲學的改造》，上海譯文出版社 1997 年版，第 145、151、168-171 頁。

2　阿佩爾：《哲學的改造》，上海譯文出版社 1997 年版，第 338 頁。

3　伯恩斯坦：《超越客觀主義和相對主義》，光明日報出版社 1992 年版，第 286 頁。

　　西方馬克思主義內部流派眾多，思想也非常複雜，[1] 在此我們不可能作全面而深入探討，僅從哲學主題的角度作一概括性的考察。從總體上看，西方馬克思主義的產生和發展，是與資本主義的新發展以及革命形勢的新變化密不可分的。面對新的社會狀況和革命形勢，西方馬克思主義的先驅思想家，一方面不得不重新思考西歐發達資本主義社會的革命道路問題，另一方面在理論上反對和批判「正統馬克思主義」對馬克思思想的教條化理解，力圖重新理解馬克思、發展馬克思、甚至重構馬克思。在這兩個思想動機的推動下，西方馬克思主義的思想家從各自不同的思想背景出發，對當代資本主義做出了不同的診斷與剖析，如：「新型的極權社會」、「晚期資本主義」、「全球資本主義」、「野蠻資本主義」。與此同時，在對當代資本主義及其意識形態的研究和剖析的基礎上，尤其發揚了馬克思哲學的對資本主義的徹底批判精神，深刻揭露和批判了當前人類在社會生活各個領域尤其是文化、心理方面的深刻異化，力圖通過對這種揭示和批判喚醒人類對於當前自身存在狀態的自覺，探索人類解放的可能道路。

　　如果我們暫且不論西方馬克思主義的具體理論觀點，而僅就它

1　美國學者貝特爾・奧爾曼曾把最近的西方馬克思主義研究分為十個流派：分析學派的馬克思主義、解構主義的馬克思主義、文化馬克思主義、社會運動的馬克思主義、女權主義的馬克思主義、馬克思主義解放神學、烏托邦馬克思主義、市場馬克思主義、「世界體系」的馬克思主義、管理學派，或資本積累的社會結構理論。（參見文化研究網 http://www.culstudies.com）他的這種劃分雖然不一定準確全面，但是却充分説明了西方馬克思主義研究的多樣化。

所關注和探討的哲學主題而言，那麼我們可以說，它不僅繼承了馬克思哲學的「改變世界」的哲學主題，而且還在更為廣闊的理論視野中擴展了這一主題，把馬克思哲學對資本主義生產方式的批判，擴展為對資本主義社會生活的各個領域和各個層面的全面批判；與現代哲學的其他各流派相比，西方馬克思主義實現了馬克思主義與現代哲學的溝通和對話，雖然這種對話是非常艱難的，但是它所關注的同樣也是人的現實存在，它所追問的同樣也是人類「存在的合法性問題」。

　　後現代主義哲學則通過對現代性的激烈反叛，把人的存在意義問題或人類存在的合法性問題，以極端的、否定的形式呈現出來。在此，我們也只能從哲學主題的角度作一概括性考察。利奧塔在其名著《後現代狀況》中，將後現代主義定義為「對元敘事的不信任」。所謂「元敘事」就是指啟蒙關於「永恆真理」和「人類解放」的觀念。[1] 格里芬（David Ray Griffin）曾反覆強調後現代主義的基本主張：徹底拋棄現代性，超越現代世界，而「超越現代世界將意味着超越現代社會存在的個人主義、人類中心主義、父權制、機械化、經濟主義、消費主義、民族主義和軍國主義」。不這樣做，「我們及地球上的大多數生命都將難以逃脫毀滅的命運」。表面上看，後現代主義哲學似乎是一種徹底的解構論，它否定了任何意義建構的企圖，因而是一種否定主義的、悲觀主義的和虛無主義的，但這種

1　參見姚大志：《現代之後》，東方出版社 2000 年版，第 4 頁。

理解就把後現代主義這一「極具豐富、複雜的思想和理論內涵」的重大思潮簡單化了，後現代主義的向度是多維的，其解構性維度和建設性維度是交織在一起的。[1]

後現代主義哲學通過對現代性的徹底批判和對現代世界的激烈批判，充分表達了對當前人類生存狀況（後現代狀況）的強烈不滿和深切擔憂。這樣看來，後現代主義所表現出來的否定主義的、悲觀主義的和虛無主義的色彩，並不能被曲解為其思想的實質，而只不過是對當前人類生存的危機狀況的極度擔憂以及看不清人類發展前途的迷茫，只不過是在意義徹底失落的後現代狀況下既渴望生活意義又擔心重蹈現代主義覆轍的無奈。

拋開其具體觀點而僅從哲學主題的角度看，後現代主義哲學和現代哲學是一致的，他們都高度關心人的存在狀況和人的存在意義。因此現代主義哲學並沒有超越現代哲學，它與現代主義並不是截然對立的，而只是把現代主義對傳統哲學以及當前人類生存狀況的批判推向極端。

由以上分析可見，人的存在意義問題或人的「存在的合法性問題」，是現代哲學在其逐漸超越康德問題（即近代哲學的主題）的邏輯演進中提出的一個新的哲學主題。這一哲學主題的共同性遠遠超越了現代哲學的派別對立。換句話說，現代哲學的派別對立只不

1　參見格裏芬等：《超越解構：建設性後現代哲學的奠基者》，中央編譯出版社 2002 年版，「代譯序」第 1-2 頁。

過是思想方法或風格的不同，而不是哲學主題的不同。現代哲學
正是以它們共同的主題為指向逐漸由對峙走向對話、由分立走向
融合。

二、馬克思哲學對現代哲學的超越

現代哲學所關注的是人的存在意義問題，與馬克思哲學的主
題具有內在的一致性。它們都從現實的「生活世界」出發思考人類
存在及其意義，探索「存在的合法性問題」。因此，我們把現代哲
學[1]的主題一般性地表述為人的存在意義問題或「存在的合法性問
題」。而且隨着當前人類生存矛盾在社會生活各個層面的日漸突顯
和深化，這一哲學主題日益獲得了廣大人文學者的廣泛同情和熱切
關注。但是，我們應當看到，現代哲學對人的存在意義問題或「存
在的合法性問題」的理解和探討，與馬克思哲學有着本質區別。主
要體現在如下三個方面：

首先，現代哲學對「生活世界」持一種非批判的實證主義態
度，因而，人的存在意義也就在於建構並融入這個現實生活世界。
現代哲學從各自的思想角度揭示了現實生活世界的不同層面的真實
內容：科學哲學揭示了作為科學邏輯的世界的生活世界；哲學解釋
學揭示了作為文化傳統的世界的生活世界；存在主義揭示了作為日

1　馬克思哲學也屬現代哲學，本小節討論「馬克思哲學對現代哲學的超越」，其中
　「現代哲學」是指與馬克思哲學相比較的「現代哲學其他各流派」。

常生活世界的生活世界等等。現代哲學都認識到，現實生活世界是
人們自己建構的、活生生的、多層次相互融合、多維度相互交織的
世界；它們反對傳統哲學對現實生活世界的遺忘和遮蔽，反對對現
實生活世界的實體化、片面化、僵固化、抽象化的理解。

　　然而，現代哲學對現實生活世界的理解卻是非批判的，它們
所批判的只是傳統哲學及其實體化的思維方式對現實生活世界的歪
曲和遺忘，而不是生活世界本身；恰恰相反，它們的理論目標只是
展現現實生活世界的真實面貌，以此來確定人的存在意義。雖然現
代哲學也強調人的建構功能，即人對自己的生活世界的建構，而人
的存在的真實意義，也就在於建構自己的生活世界並融入其中，但
是，它們沒有認識到，人不僅建構自己的生活世界，而且還不斷改
變已經建構好的生活世界；人不僅融入自己的生活世界，而且還批
判性地反思這個生活世界的合法性。因為，雖然「生活世界是一個
真實的世界，但未必是一個『好的』和『健康』的世界。」[1]

　　現代哲學僅僅希望達到對現實的人的存在狀況或現實生活世
界的真實面貌的展現；而馬克思哲學則認為，這種非批判的態度是
不能達到對人的存在狀況或現實的生活世界的真正理解的，只有通
過批判性的研究，揭示出人的存在或現實的生活世界的歷史性前提
或真實的基礎，即資本主義生產方式，才能真正理解人的存在狀況
或現實的生活世界。因此，我們把馬克思哲學的思維方式看作是意

1　鄒詩鵬：《實踐‐生存論》（博士論文，未發表），第33頁。

識形態批判與歷史性研究的內在統一。[1] 馬克思曾批評費爾巴哈「只是希望確立對存在的事實的正確理解，然而一個真正的共產主義者的任務卻在於推翻這種存在的東西。」[2] 這個批評也同樣適用於現代哲學。

其次，與對現實的生活世界的非批判的態度相關，現代哲學不去批判性地揭示現實的生活世界的真實基礎或前提，即資本主義生產方式，並在此基礎上去揭示人的存在的真實內容、探索人的發展的現實道路。

離開了對人的存在的歷史性前提即資本主義生產方式的批判性研究，現代哲學不可能對人的存在及其意義有真切的理解。在現代哲學看來，似乎只要展現出人的存在或現實的生活世界的本來面貌，也就揭示出了人的存在的真正意義。這樣，人的存在意義也就流於空疏，成為不確定的東西。因此，現代哲學雖然追求人的存在意義，但是卻不可避免地陷入多元主義、相對主義，陷入「沒有標準的選擇的生命中不能承受之輕的存在主義的焦慮」（孫正聿語）之中。我們還看到，儘管現代哲學也對於社會現實進行了激烈的批判，其中尤為激烈的是法蘭克福學派和後現代主義，然而，這些批判卻沒有一個明確的批判尺度，即沒有對人的存在及其意義的肯定性理解。這些批判也就淪為一種沒有目標的造

1　參見第三章第三節中的第二小節「歷史思維方式：反思人的現實存在的思維方式」。
2　《馬克思恩格斯選集》第 1 卷，人民出版社 1995 年版，第 96-97 頁。

反，淪為一種反叛的理論「姿態」或裝飾。批判本身似乎就是批判的目的，批判成了現代意識形態的一個不可或缺的部分。因此，詹明信認為，「後現代主義不是（對晚期資本主義的）一種解釋，而是有待於被解釋的東西」，它是「晚期資本主義的文化邏輯」或意識形態。[1]

而馬克思哲學則批判性地揭示了作為人的存在的歷史性前提的資本主義生產方式，從而使人的存在及其意義獲得了真實的內涵——「人類解放」或「人的全面發展」，並為「人類解放」或「人的全面發展」論證了一條現實的道路。而且，馬克思哲學認為，通過對人的存在或現實生活世界的歷史性前提的批判性揭示，進而達到對人的存在狀況或現實生活世界的真正理解，這僅僅是為人的存在意義的實現確定了一個基礎；人的存在意義還必須通過現實地轉換人的存在的歷史性前提即實際地「改變世界」才能實現。

現代哲學，尤其是後現代主義，正是看不到這一點，才看不到走出當前人類生存困境的出路，把馬克思哲學關於「人類解放」或「人的全面發展」的學說，簡單地劃歸啟蒙哲學，因而把「人類解放」僅僅看作一個現代的「神話」或「故事」。同樣，西方馬克思主義也正是由於沒有充分認識到馬克思哲學的政治經濟學批判的意義，才看不到無產階級革命的前途，最終走向激進的烏託邦式的反資本主義的立場。

1　參見詹姆遜（詹明信）:《文化轉向》，中國社會科學出版社 2000 年版，第 38 頁。

　　第三，從總體上說，現代哲學都沒有離開理論哲學（純粹哲學、學院哲學）的領地，這就決定了它們不可能找到現實地「改變世界」變革資本主義生產方式的有效途徑，更不可能去身體力行地實踐一種「改變世界」的革命哲學。現代哲學對人的存在意義問題或「存在的合法性問題」的探討，始終局限在「哲學」的範圍內，沉浸在對存在的「冥思」之中，而沒有真正觸及人的現實存在。正如孫伯鍨先生等所指出的，海德格爾對存在的冥思和追問，也許觸及到了當前人類生存的某些癥結，這是值得肯定的，但現實的人及其生存狀況，似乎並沒有切近地進入他的視野：「海德格爾及其他一些存在主義哲學家關注的生存問題，並不是在現代資本主義統治下的個人的生存問題。」[1] 因此，現代哲學也就只能像海德格爾一樣，寄希望於那能夠拯救人類的上帝的到來。

　　從現代哲學對馬克思哲學的種種學院化理解，更能看出現代哲學的學院化思路。現代哲學要麼過分強調馬克思哲學與政治運動的關聯，完全無視其哲學內容，把馬克思哲學理解為沒有任何哲學基礎的純粹政治意識形態；要麼過分強調馬克思哲學的哲學史淵源，完全刳除其內在的革命性旨趣，把馬克思哲學理解為學院哲學的一種。尤其是許多西方馬克思主義學者，打着彌補馬克思、發展馬克思、拯救馬克思的旗號，從學院哲學的角度理解馬克思哲學，比如

1　參見孫伯鍨、劉懷玉：《「存在論轉向」與方法論革命》，載《中國社會科學》2002 年第 5 期。

從黑格爾主義、存在主義、科學主義、弗洛伊德主義、解釋學、後
現代主義哲學等不同的角度，解讀和詮釋馬克思哲學。

其實，恩格斯早就強調指出，「馬克思首先是一個革命家。他
畢生的真正使命，就是以這種或那種方式參加推翻資本主義社會
及其所建立的國家設施的事業，參加現代無產階級的解放事業」。[1]
馬克思從來不是一個純粹的哲學家，也從來沒有想當一位純粹的
哲學家。同樣，馬克思哲學或馬克思主義哲學也從來不是純粹的
哲學或學院哲學。我們已經無數次地引證和說明，馬克思哲學是
「改變世界」的哲學，孫正聿先生更是直接把馬克思哲學理解為關
於「人類解放」的學說。[2]

其實許多學者也都意識到馬克思哲學不同於學院哲學的獨特
性，如阿爾都塞指出，「馬克思主義哲學存在着，卻又從來沒有被
當作『哲學』來生產」；[3] 柯爾施認為馬克思哲學是一種「批判的哲
學」、「革命的哲學」。[4] 因此，只有跳出學院哲學的思想框架，才
能真正理解馬克思哲學；只有堅持馬克思哲學內在的革命精神、
批判精神，並把這種精神結合到對當代資本主義的批判性研究

1　《馬克思恩格斯選集》第 3 卷，人民出版社 1995 年版，第 777 頁。

2　參見孫正聿：《解放何以可能——馬克思的本體論革命》，《學術月刊》2002 年
　　第 9 期。

3　阿爾都塞：《哲學的改造》，參見：《哲學與政治——阿爾都塞讀本》吉林人民出
　　版社 2003 年版，第 222 頁。

4　參見陳學明主編：《二十世紀哲學經典文本》（西方馬克思主義卷），復旦大學出
　　版社 1999 年版，第 222 頁。

中，才能像當年馬克思一樣探索出一條人類解放的現實道路。

通過以上分析可以看出，雖然現代哲學的主題與馬克思哲學的主題具有內在的一致性，即都關注人的存在意義或「存在的合法性問題」，但是，兩者對這一問題的具體內容的理解，卻有着本質的不同。由於現代哲學沒有批判性地研究作為人的存在的歷史性前提的資本主義生產方式，因而不能真正理解人的存在及其意義的真實內容，更不能為人類的未來發展、「人類解放」指出一條現實的道路，而這些正是馬克思哲學的根本之所在。在馬克思哲學中，人的存在意義問題或「存在的合法性問題」，也就是現實地「改變世界」的問題。在這裏，我們看到了馬克思哲學對於現代哲學的超越。

雖然許多著名的現當代思想家，如德里達、哈貝馬斯、詹明信、吉登斯（Anthony Giddens）等，對馬克思和馬克思的思想表現出極大的興趣，如德里達所言，「不能沒有馬克思，沒有馬克思，沒有對馬克思的記憶，沒有馬克思的遺產，也就沒有將來：無論如何得有某個馬克思，得有他的才華，至少得有他的某種精神」。[1] 但是我們並能不盲目樂觀地認為，這意味着馬克思主義的當代復興。因為，在我們看來，馬克思主義應當包括如下兩個內在統一的因素：一是對資本主義毫不妥協的批判；二是對資本主義的真實研究尤其是對資本主義生產方式的真實研究。這兩點可以看作是馬克思主義的「原教旨」。而許多人對馬克思的理解，卻是建立在把馬克

1　德裏達：《馬克思的幽靈》，中國人民大學出版社 1999 年版，第 21 頁。

思學院化甚至肢解馬克思的基礎上。

　　今天，馬克思哲學的思想力量仍然是無可匹敵的。現代哲學對人的存在意義問題或「存在的合法性問題」的探討，必須參照馬克思哲學對這一問題的探討的獨特思路。在一定意義上甚至可以說，只有「模仿」馬克思，才能真正解答人的存在意義問題或「存在的合法性問題」。馬克思哲學，尤其是其對「改變世界」問題（也就是人的存在意義問題或「存在的合法性問題」）的回答，對哲學的未來走向有着巨大的啟示和範導意義。

第二節　馬克思哲學的主題與哲學的未來走向

　　馬克思哲學對「改變世界」問題（也就是人的存在意義問題或「存在的合法性問題」）的回答，對現代哲學的未來走向的啟示和範導意義，主要體現在如下四個方面。這些也是馬克思哲學的當代性或現代意蘊的集中體現。

一、主題引導的新視野

　　「拒斥形而上學」、「回歸生活世界」，現代哲學實現了一個哲學視野由抽象的「思想世界」向現實的「生活世界」的根本轉移，開拓了一個新的研究領域。然而，在馬克思哲學看來，轉向現實

生活世界僅僅是探討「改變世界」的問題的起點，更重要的事情在於對現實生活世界的深刻基礎或前提，即特定的生產方式的剖析和批判。因此，馬克思哲學的主題，即「改變世界」必須要求哲學視野進一步深入：由現實生活世界深入到現實生活世界的基礎或前提。在馬克思哲學看來，這才是現代哲學「回歸生活世界」的真正實現。

在「拒斥形而上學」、「回歸生活世界」這一點上，馬克思哲學與現代哲學是完全相同的。馬克思哲學激烈地批判以黑格爾哲學為代表的舊哲學脫離實際的超驗思辨，即「從天上降到地上」——從外在於人的現實生活的抽象觀念出發來說明人的現實生活；馬克思哲學要求「從地上升到天上」——從「從事實際活動的人」，從人們的「現實生活過程」出發，說明以往哲學據以為出發點的抽象觀念。而且與現代哲學不同，馬克思哲學更要求對人的現實生活過程的真實理解：「思辨終止的地方，即在現實生活面前，正是描述人們的實踐活動和實際發展的真正實證的科學開始的地方。」[1] 馬克思批判費爾巴哈半途而廢，沒有進一步深入考察現實世界本身，「他做的工作是把宗教世界歸結於它的世俗基礎。他沒有注意到，在做完這一工作之後，主要的事情還沒有做。」[2] 不能真正理解現實世界，當然也就不能看到「改變世界」的需要。

1　《馬克思恩格斯選集》第 1 卷，人民出版社 1995 年版，第 73 頁。
2　《馬克思恩格斯選集》第 1 卷，人民出版社 1995 年版，第 59 頁。

馬克思通過詳盡的歷史分析和現實考察認為，現實世界並不是千古不變的，它的深刻基礎乃是物質生產。這是「一切歷史的一種基本條件」，是歷史的「世俗基礎」。[1] 馬克思哲學把錯綜複雜的社會關係歸結為生產關係，進而把生產關係歸結為生產力，確定了生產力的最終決定作用，認識到一定的生產方式構成人的存在的深刻的歷史性前提，也即人的現實世界的深刻基礎。就當前人的存在及現實世界而言，馬克思認識到，資本主義生產方式構成人的存在的歷史性前提，是人的現實的生活世界的深刻基礎，並且通過大量的「實證」研究以及對資產階級政治經濟學的批判，揭示出在資本主義條件下人的「以物的依賴性為基礎的人的獨立性」或「資本」統治下人的全面異化的現實生活世界的圖景。

現代哲學把哲學視野由抽象的「思想世界」轉向現實的「生活世界」，的確為我們展現了豐富多彩的現實生活世界的畫面，然而它們卻不去揭示現實的生活世界的深刻基礎，因而也不能真正理解現實的生活世界，甚至可能會重新陷入關於生活世界的超驗哲學之中。與馬克思所生活的那個時代相比，今天人類的現實生活世界發生了翻天覆地的變化。全球化、生態化、數字化、信息化、虛擬化，後工業、後殖民、後現代、後「9‧11」……這一連串掛在嘴邊的說法，昭示着人類生活所發生的巨大變化和無比繁雜的表像。面對這樣的繁雜而又瞬息萬變的現實生活世界，人們似乎失去了理解

---

1 《馬克思恩格斯選集》第 1 卷，人民出版社 1995 年版，第 79 頁。

這世界的能力。

　　詹明信認為，在這種「超空間」中，人們完全失去了方位感和位置感。[1] 個體完全消融在這個全球性的社會網絡之中，而只能從自己出發，表像這個網絡體系的一個片斷、碎片，現實世界對每個個體而言都是支離破碎的。後現代主義就是這種歷史處境的文化表達。

　　但是，與其他後現代主義思想家不同，甚至也與其他現代哲學家不同，詹明信力圖說明後現代這種文化邏輯的真實基礎，他從馬克思主義的思想立場出發，把資本主義生產方式的發展劃分為三大階段：即「市場資本主義」、「壟斷資本主義」和「晚期資本主義」，認為當前的資本主義生產方式即晚期資本主義乃是當前社會的深刻基礎，「在詹姆森看來，後現代不是一個與『現代』有別並在它之後出現的時代，而且『後工業社會』、『消費社會』、『傳媒社會』、『信息社會』、『電子社會』和『高科技社會』等也不是概括這個社會的適當概念，所有這些東西須在一個更大的概念框架下才能被正確地理解，這個更大的概念框架就是馬克思的『生產方式』。」[2]

　　詹明信把後現代主義以及後現代社會同晚期資本主義生產方式聯繫起來，並把後者看作是前者的基礎，這就大大超越了同時代

1　參見姚大志：《現代之後》，東方出版社 2000 年版，第 339-340 頁。
2　姚大志：《現代之後》，東方出版社 2000 年版，第 314-315 頁。

的其他思想家。但是，如果回憶一下馬克思的思想演進，我們就會發現，馬克思在認識到生產方式對人的現實生活以及社會歷史的基礎決定意義之後，並沒有在這個抽象的歷史唯物主義原理上止步不前，他立即投入到對資本主義生產方式的具體內容的考察之中，那是一個異常艱巨的任務、異常艱苦的工作。正如恩格斯所指出的，「即使只是在一個單獨的歷史事例上發展唯物主義觀點，也是一項要求多年冷靜鑽研的科學工作，因為很明顯，在這裏只說空話是無濟於事的，只有靠大量的、批判地審查過的、充分地掌握了的歷史資料，才能解決這樣的任務。」[1]

我們不必苛求詹明信，他畢竟站在馬克思哲學的立場上，為我們重新申明了一個新的哲學視野或新的研究課題：即像馬克思當年揭示「市場資本主義」的內在邏輯一樣去揭示「晚期資本主義」的內在邏輯。這也許是今天許多學者極力號召關注現實問題、注重經濟學批判研究的初衷之所在。

二、主題要求的新思維

現代哲學在實現哲學視野由抽象的「思想世界」向現實的「生活世界」轉移的同時，也力圖實現哲學思維方式的根本轉換。現代哲學普遍意識到，面對人的存在意義問題或「存在的合法性」這一

---

1 《馬克思恩格斯選集》第 2 卷，人民出版社 1995 年版，第 39 頁。

嶄新的哲學主題，傳統哲學的本質主義的思維方式是無能為力的，它不可能深入現實的「生活世界」把握其情景性、生成性、價值性、歷史性等豐富內容。

　　現代哲學認為，傳統哲學的本質主義的思維方式必然掩蓋和歪曲人的現實生活世界，遮蔽人的存在意義，因而必須徹底拋棄；要展現人的現實生活世界、呈現人的存在意義，只能訴諸一種全新的思維方式：即現象學—存在主義的思維方式。然而，在馬克思哲學看來，雖然現象學—存在主義的思維方式也反對傳統哲學的本質主義的思維方式，但卻不足以揭示人的現實生活世界的基礎或前提，不能真正理解現實生活世界，當然也就談不上實際地「改變世界」了。而且，現代哲學的現象學—存在主義的思維方式，甚至根本否認現實生活有着深層的基礎或前提，認為這種基礎或前提是本質主義的思維方式的抽象的產物。因此，要揭示人的現實生活世界的深刻基礎或歷史性前提，必須在其合理形式上積極地揚棄和批判性地超越傳統哲學的本質主義的思維方式。

　　在第三章中我們曾探討過的馬克思哲學的歷史思維方式，作為對資本主義的意識形態批判和歷史性研究的內在統一，不僅超越了傳統哲學的思辨主義或本質主義的思維方式，而且在一定意義上也超越了現代哲學的現象學—存在主義的思維方式，它不滿足於停留在生活世界的現象表層，而是通過歷史性研究深入到人的現實存在的歷史性維度，揭示出資本主義生產方式這一制約人的現實存在的深刻的歷史性前提，闡明了根本轉換這種一歷史性前提的可能

性。與現代哲學相比，馬克思哲學在否定近代哲學（主要是黑格爾哲學）的抽象思辨的同時，還吸取了其「合理的內核」——辯證法的思維方式。

因此，一方面，馬克思哲學拋棄了脫離實際的抽象思辨，從「現實的人及其歷史發展出發」，如實地「描述人們的實踐活動和實際發展過程」。馬克思認為，「只要描繪出這個能動的生活過程，歷史就不再像那些本身還是抽象的經驗論者所認為的那樣，是一些僵死事實的匯集，也不再像唯心主義者所認為的那樣，是想像的主體的想像活動。」馬克思把這種對社會歷史的研究方式與「獨立的哲學」相對立，稱為「真正的實證科學」。[1] 另一方面，馬克思哲學又積極地吸納了黑格爾哲學所揭示的辯證法的思維方式，從歷史和邏輯相統一的角度對資產階級政治經濟學進行批判，對社會歷史進行辯證的分析，從而揭示出了被資產階級政治經濟學當作前提或自然規律而未加批判的資本主義生產方式的內在矛盾和本質規律，揭示出了資本主義生產方式的歷史性與暫時性。

馬克思不僅指出辯證法是「科學上正確的方法」，[2] 而且更指出了辯證法的革命的批判的本性：「辯證法在其合理的形態上，引起資產階級及其誇誇其談的代言人的惱怒和恐怖，因為辯證法在對現存事物的肯定的理解中同時包含對現存事物的否定的理解，即

1　《馬克思恩格斯選集》第 1 卷，人民出版社 1995 年版，第 73 頁。

2　《馬克思恩格斯全集》第 46 卷（上），人民出版社 1979 年版，第 38 頁。

對現存事物的必然滅亡的理解；辯證法對每一種既成的形式都是從不斷的運動中，因而也是從它的暫時性方面去理解；辯證法不崇拜任何東西，按其本性來說，它是批判的和革命的。」[1]

因此，馬克思自豪地宣稱自己是黑格爾「這位大思想家的學生」。也正如恩格斯所說，「馬克思⋯⋯使辯證方法擺脫它的唯心主義的外殼並把辯證方法在使它成為唯一正確的思想發展形式的簡單形態上建立起來。馬克思對於政治經濟學的批判就是以這個方法作基礎的。」[2]

在馬克思哲學看來，辯證法並不等於思辨。黑格爾的辯證法「有巨大的歷史感作基礎」，「在它裏面除了詭辯和瑣碎言辭之外一定還有別的東西。」[3] 它是關於人類思維的內在邏輯的科學。而許多現代哲學，不是把辯證法作為思辨的同義詞一同拋棄了（如邏輯實證主義），就是消解了辯證法的批判性、革命性，把辯證法納入學院哲學的框架，因而不可能揭示人的現實生活世界的深刻基礎。因此，現代哲學的進一步發展，必須重新撿起為它們所拋棄和曲解的辯證法，把它運用到對當前的人的現實生活世界的批判性考察之中，並在這種批判性的研究之中建構全新的思維方式。

1　馬克思：《資本論》第 1 卷，人民出版社 1975 年版，第 24 頁。

2　《馬克思恩格斯選集》第 2 卷，人民出版社 1995 年版，第 43 頁。

3　《馬克思恩格斯選集》第 2 卷，人民出版社 1995 年版，第 42 頁。

三、主題蘊含的新旨趣

　　人的存在意義作為現代哲學關注的中心，實際上也是現代哲學的根本旨趣。現代哲學反對傳統哲學追求絕對真理、取消人的存在意義，要求真正確立人的存在意義。然而，在馬克思哲學看來，由於現代哲學沒有批判性地考察現實生活世界的基礎或前提，即作為人的存在的歷史性前提的資本主義生產方式，因而不可能真正把握人的存在意義的真實內容。只有通過對人的現實的生活世界的批判性考察，才能確定人的存在意義作為哲學的根本旨趣的真實內容。馬克思哲學正是在對資本主義生產方式的批判性考察中，確定其根本旨趣即「人類解放」的真實內容即「人的全面發展」的。

　　現代哲學之所以繼近代啟蒙哲學之後重提人的存在意義，主要是因為，在現代哲學看來，雖然近代哲學以理性的名義把人從宗教神學和封建專制中解放出來，但是，卻又以理性的名義掩蓋和消解了人的存在意義，這就是啟蒙的辯證法。歸根結底，近代哲學以理性的名義所解放的人是一個大寫的人。

　　在現代哲學看來，這種大寫的人作為理性主體，是超脫於生活之上的抽象的存在，仍然是一個高於真實的個人之上的「神」。這種大寫的人形成了對小寫的人即真實的個人的壓制，對真實的個人的存在意義的取消。同樣，以這種大寫的人的觀念為基礎，近代哲學關於人的自由、平等的觀念，也都是超越於個人之上的抽象的觀念或「神話」，它們對真實的個人而言是虛幻的，雖然近代哲學

一再宣稱它們是人之天賦。因此，現代哲學在否定傳統哲學時，就
極力否定近代哲學的這種大寫的人的觀念，力圖確立一種小寫的人
的觀念，以此展現為近代哲學所掩蓋和消解了的真實的個人的存在
意義。

正是在這個哲學旨趣的指引下，現代哲學對傳統哲學尤其是近
代哲學進行了全面的反叛。以非理性反叛理性，以邊緣顛覆中心，
以表層瓦解基礎，以差異取消同一，以多元分裂一元，以相對消融
絕對，以個體取代總體，現代哲學（尤其是後現代主義）不顧一切
思想和傳統的禁忌，極力彰顯作為個體的小寫的人的存在。福柯在
繼尼采宣佈「上帝死了」之後乾脆宣佈：作為主體的人死了，也即
作為近代哲學所構造的那種大寫的人已經死了。[1]

馬克思哲學同樣也認識到了近代的理性主體觀念對個人的壓
制，以及基於這種理性主體觀念的自由平等觀念的意識形態性質，
但是，馬克思哲學比現代哲學深刻的地方在於，它一方面認識到，
這種大寫的人對小寫的人的壓制只不過是現實的資本主義生產方式
中的「資本統治」或「人的全面異化」在觀念上的反映；另一方面
更認識到，只有靠現實地改變現存的資本主義的生產方式，即現實
地「改變世界」才能從根本上克服這種人的全面異化狀態及其在理
論上的體現，實現「人的全面發展」和「自由個性」。如果沒有對
人的現實生活世界的深入研究，是不可能認識到這種異化的現實根

1　參見姚大志：《現代之後》，東方出版社 2000 年版，第 363 頁。

源的；如果不致力於「實際地反對和改變事物的現狀」，而只靠「理論上的演繹」，是不可能根本消除這種異化思想的。

在馬克思哲學看來，現代哲學正是離開對人的現實生活世界的深刻基礎的批判性研究，僅僅在理論上反對近代哲學的大寫的人的觀念，針鋒相對地提出一個小寫的人的觀念；然而，離開了對現存世界的實際改變，無論在思想上強調多少遍關於這種小寫的人的思想，也無論在實際生活中以如何乖張的形式踐行這種小寫的人、張揚個體的個性，真正的個性仍然不能實現出來，反而會遮蔽個性解放的真正的現實道路。

因此，現代哲學在否定了傳統哲學的關於大寫的人的觀念之後，無法重新樹立一個有效的關於人的觀念。而馬克思哲學則在批判性地考察現實生活世界以及探索現實地「改變世界」的過程中，確定了關於「人類解放」即「人的全面發展」的觀念，並以此作為批判現存的資本主義生產方式的終極尺度。

今天，我們當然不能停留在馬克思哲學的結論上，而應當按照馬克思哲學所指明並走過的道路，在對人的現實生活世界的批判性考察中，進一步確定作為現代哲學的旨趣或主題的人的存在意義具體內容。對此，任何先驗設定、邏輯推演、道德激情都是無濟於事的。

四、主題創建的新形態

哲學走出超驗的「思想世界」進入到現實的、廣闊的「生活世界」的同時，也就必然與關於現實生活世界的各門具體科學相融

合。正如吉登斯所言,「社會理論越來越哲學化了,……哲學也越來越社會學化了」。[1]

　　傳統意義上超越於生活之外的、獨立於具體科學之上的、關於絕對真理的「體系哲學」已不復存在。馬克思哲學與思維科學、歷史科學、政治經濟學、人類學等的結合,現代哲學與邏輯學、語言學、文學、政治學、法學或廣義的文化的融合,很好地説明了這一點。然而,現代哲學在把哲學融入具體科學或廣義的文化之中時,卻葬送了哲學,取消了哲學,人類思想的發展似乎已經進入了「後哲學」時代;而馬克思哲學則在現實的「生活世界」中,找到了新的哲學生長點,哲學在與具體科學或廣義的文化相融合的同時,又構成了對它們的超越和批判,創建一種新的哲學形態。

　　新的哲學主題必然要求新的哲學形態。因此,現代哲學對傳統哲學的表述方式即構建絕對真理體系的企圖,表現出強烈的不滿。在現代哲學看來,絕對真理的體系是本質主義思維方式的表現,是真理強權的話語方式,而絕不是展現人的現實生活世界以及人的存在意義的恰當方式,因而必須予以打碎、拋棄,轉而尋求一種開放的、自由的、能夠展現現實生活世界以及人的存在意義的話語方式。

　　古希臘哲學的詩體、對話體、散文體以及格言、隱喻等體裁,成為現代哲學所推崇和仿效的話語方式。正如哈貝馬斯指出的,許

1　吉登斯:《社會理論與現代社會學》,社會科學文獻出版社 2003 年版,第 56 頁。

多現代哲學家，如海德格爾、索緒爾（Ferdinand de Saussure）、德里達、福柯等人都試圖「打破意識哲學以主體為中心的基本思想概念束縛」，促使哲學實現語言範式的轉換。「字面意義和隱喻意義、邏輯學和修辭學、嚴肅話語和虛構話語等相互之間的界限，被（思想家和詩人共同掀起的）普遍的文本運動大潮給沖刷得乾乾淨淨。」[1]

　　羅蒂認為，「體系哲學」是與認識論哲學緊密相關的，認識論哲學企圖在純粹的思想領域中尋求知識的絕對基礎，發現絕對真理，從而為解決人類生活中的所有問題提供一個終極的解釋原則。然而，「體系哲學」關於絕對真理的企圖是傳統哲學的過度自信和自欺，這實際上是要求「從事我們不可能從事之事」。[2] 因此，必須徹底跳出認識論哲學的抽象的思想領域，通過對人的現實生活世界的描述來展現人的現實生活世界以及人的存在意義，這必然要求放棄建構絕對真理的體系的想法，在對現實生活世界的真實描述中展現人的存在意義。

　　然而，現代哲學在否定「體系哲學」的同時，卻又走向了另一個極端，即認為哲學只能是破壞性的、治療性的、教化性的。哲學話語應當避免任何立場和觀點，因為，任何立場或觀點都有結束談話從而重新陷入「體系哲學」的危險。比如羅蒂認為，「教化哲學

1　哈貝馬斯：《後形而上學思想》，譯林出版社 2001 年版，第 223 頁。
2　羅蒂：《哲學與自然之鏡》，三聯書店 1987 年版，第 340 頁。

的目的是維持談話繼續進行，而不是發現客觀真理」。[1] 對「教化哲學」的這種極端化理解，同樣也是由於現代哲學不去反思和批判現實生活世界的基礎、不把現實地「改變世界」看作是人的存在意義的實現而造成的。因此，現代哲學在「回歸生活世界」、追思人的存在意義的同時，卻造成了意義的迷失和困惑。「存在的家園被捲進了漫無目的的語言大潮的漩渦之中。」[2]

　　馬克思哲學也認識到「體系哲學」的根本缺陷。恩格斯曾針對黑格爾哲學關於絕對真理的體系指出，要使一個哲學家達到絕對真理，就是要求一個哲學家完成那只有在人類歷史發展中才能完成的任務。然而，否定了絕對真理並不就等於否定了任何真理，人們完全可以在對社會歷史的批判性研究中達到關於現實世界或人的存在狀況的相對真理。馬克思哲學就是在對現實生活世界的考察中揭示出人類的存在狀態，指出人類的發展道路。因此哲學的表述方式不能再拘於一格，而應當採取最得體、最能説明問題的方式。

　　其實，許多現代哲學家都在探索和實踐着新的哲學表達方式，如伽達默爾、索緒爾、福柯、德里達、哈貝馬斯、吉登斯、羅爾斯（John Rawls）等，他們都不再是嚴格意義上的哲學家，他們的著作也超出了嚴格的哲學範圍，涉及到歷史學、文學、語言學、人類學、考古學、社會學、經濟學、政治學等學科領域，這實際上意味

1　羅蒂：《哲學與自然之鏡》，三聯書店 1987 年版，第 328 頁。

2　哈貝馬斯：《後形而上學思想》，譯林出版社 2001 年版，第 226 頁。

着現代哲學對哲學的理解已經發生了根本性的轉變。

　　哲學的未來發展，不應當再像「體系哲學」那樣企圖去建構某種能夠對整個世界做出終極解釋的絕對真理的體系，也不應當像所謂的「教化哲學」那樣取消哲學；而應當有意識地融合各門具體學科，在對人的現實生活世界的批判性研究中，為人類的發展、為現實地「改變世界」提供一些現實的指導。這是馬克思哲學對哲學未來走向的啟示，也是馬克思哲學不竭的生命力之所在。

結語

　　如何合理地闡發馬克思哲學的革命性，這向來是馬克思主義哲學研究者極力關注的問題。在人類的生存與發展面臨種種困境的今天，這個問題更顯現出強烈的現實意義。當然，可以從多個角度詮釋和展現馬克思哲學的革命性意義。本文僅僅選取一個角度，即哲學主題轉換的角度來闡發馬克思哲學的革命性變革的真實內涵。

　　作為「時代精神的精華」，馬克思哲學的主題也就是時代的主題，是人類的生存與發展或「革命的實踐」所提出的問題。馬克思哲學不僅捕捉到了時代的最為迫切的問題，把「改變世界」問題或「存在的合法性問題」確立為主題，從而開創了現代哲學，而且還理論地論證了一條現實地「改變世界」、實現「人的全面發展」的道路，從而在一定意義上構成了對現代哲學的根本超越。因此，馬克思哲學的主題集中體現了馬克思哲學的革命性意義和時代性內涵。

　　本文通過對馬克思哲學實現哲學主題轉換的理論前提、理論歷程以及馬克思哲學的「改變世界」的哲學主題及其現代意蘊的深入考察，展現了馬克思哲學所實現的哲學主題轉換的真實內涵，即從

近代哲學的「思想的客觀性問題」到現代哲學的「存在的合法性問題」的轉換；揭示了馬克思哲學的主題的核心內容，即反思作為人的存在的歷史性前提的資本主義生產方式；並且試圖從馬克思哲學的主題與現代哲學的主題的內在關聯及其對哲學未來走向的啟示和范導意義兩個方面，來闡明馬克思哲學主題的現代意蘊。

　　從哲學主題轉換的角度來展現馬克思哲學的革命性變革的真實內涵，這是一個非常有學術價值的課題。它不僅能夠在理論上充分展現馬克思哲學的革命性意義和時代性內涵，而且還能夠在與時代主題的碰撞中實現馬克思哲學對現實世界的反思和批判、對時代精神的塑造和引導。同時，我更是充分認識到這又是一項非常艱巨的任務。僅僅從哲學素養方面說，它要求研究者具有通觀現當代哲學（包括馬克思哲學）的能力，這也是我在本書寫作過程中的深切感受到的最大困難。因此，本書對這一問題的研究僅僅是一個開端。無論現在還是將來，我都真誠地期待學界師長和學友的指導和批評。

參考文獻

1　《馬克思恩格斯選集》第 1-4 卷，人民出版社 1972 年版。

2　《馬克思恩格斯全集》第 1-50 卷，人民出版社 1956-1985 年版。

3　馬克思：《資本論》第 1-3 卷，人民出版社 1975 年版。

4　馬克思：《1844 年經濟學哲學手稿》，人民出版社 2000 年版。

5　列寧：《哲學筆記》，人民出版社 1956 年版。

6　《高清海文存》第 1-6 卷，吉林人民出版社 1997 年版。

7　高清海：《人就是「人」》，遼寧人民出版社 2001 年版。

8　高清海：《歐洲哲學史綱新編》，吉林人民出版社 1990 年版。

9　孫正聿：《哲學通論》，遼寧人民出版社 1998 年版。

10　孫正聿：《現代教養》，吉林教育出版社 1996 年版。

11　孫正聿：《超越意識》，吉林教育出版社 2001 年版。

12　楊魁森：《哲學與社會主義》，人民出版社 1993 年版。

13　艾福成等：《馬列哲學著作學習指要》，吉林大學出版社 1995 年版。

14　孫利天：《論辯證法的思維方式》，吉林大學出版社 1994 年版。

15　孫利天：《死亡意識》，吉林教育出版社 2001 年版。

16　姚大志：《現代之後》，東方出版社 2000 年版。

17　姚大志：《人的形象》，吉林教育出版社 1998 年版。

18　賀來：《現實生活世界》，吉林教育出版社 1998 年版。

19　李德順：《立言錄》，黑龍江教育出版社 1998 年版。

20　朱德生：《形上之思》，遼寧人民出版社 2001 年版。

21　衣俊卿：《現代化與日常生活批判》，黑龍江教育出版社 1994 年版。

22　張一兵：《回到馬克思》，江蘇人民出版社 1999 年版。

23　北京大學哲學系外國哲學教研室編譯：《西方哲學原著選讀》，商務
　　印書館 1981 年版。

24　肖前、李淮春、楊耕主編：《實踐唯物主義研究》，中國人民大學出
　　版社 1996 年版。

25　黃楠森等主編：《馬克思主義哲學史》第 1、2 卷，北京出版社 1991
　　年版。

26　陳先達、靳輝明：《馬克思早期思想研究》，北京出版社 1983 年版。

27　葉秀山：《前蘇格拉底哲學研究》，人民出版社 1982 年版。

28　葉秀山：《思‧史‧詩》，人民出版社 1988 年版。

29　趙敦華：《現代西方哲學新編》，北京大學出版社 2000 年版。

30　趙汀陽：《一個或所有問題》，江西教育出版社 1998 年版。

31　張世英：《自我實現的歷程》，山東人民出版社 2001 年版。

32　楊祖陶、鄧曉芒：《康德〈純粹理性批判〉指要》，湖南教育出版社
　　1996 年版。

33　鄧曉芒：《思辨的張力》，湖南教育出版社 1992 年版。

34　陳學明主編：《二十世紀哲學經典文本》（西方馬克思主義卷），復
　　旦大學出版社 1999 年版。

35　俞宣孟：《本體論研究》，上海人民出版社 1999 年版。

36　黃瑞祺編著：《馬克思論現代性》，臺北巨流 1997 年版。

37　洪漢鼎：《理解的真理》，山東人民出版社 2001 年版。

38　洪漢鼎：《費希特：行動的吶喊》，山東文藝出版社 1988 年版。

39　楊適：《人的解放——重讀馬克思》，四川人民出版社 1996 年版。

40　江怡：《維特根斯坦：一種後哲學文化》，社會科學文獻出版社 1998 年版。

41　陳嘉映：《海德格爾哲學概論》，三聯書店 1995 年版。

42　王治河：《撲朔迷離的遊戲》，社會科學文獻出版社 1998 年版。

43　康德：《純粹理性批判》，商務印書館 1960 年版。

44　康德：《實踐理性批判》，商務印書館 1999 年版。

45　康德：《判斷力批判》，商務印書館 1964 年版。

46　康德：《未來形而上學導論》，商務印書館 1978 年版。

47　黑格爾：《哲學史講演錄》第 1-4 卷，商務印書館 1959、1960、1978 年版。

48　黑格爾：《精神現象學》，商務印書館 1979 年版。

49　黑格爾：《小邏輯》，商務印書館 1980 年版。

50　黑格爾：《邏輯學》，商務印書館 1966 年版。

51　黑格爾：《法哲學原理》，商務印書館 1961 年版。

52　《費爾巴哈哲學著作選集》，三聯出版社 1959 年版。

53　費爾巴哈：《基督教的本質》，商務印書館 1984 年版。

54　懷特海：《科學與近代世界》，商務印書館 1997 年版。

55　維特根斯坦：《哲學研究》，商務印書館 1996 年版。

56　維特根斯坦：《邏輯哲學論》，商務印書館 1996 年版。

57　胡塞爾：《胡塞爾選集》，上海三聯書店 1997 年版。

58　胡塞爾：《哲學作為嚴格的科學》，商務印書館 1999 年版。

59　胡塞爾：《現象學的觀念》，上海譯文出版社 1986 年版。

60　海德格爾：《面向思的事情》，商務印書館 1999 年版。

61　海德格爾：《存在與時間》，三聯書店 1999 年版。

62　海德格爾：《路標》，商務印書館 2000 年版。

63　海德格爾：《形而上學導論》，商務印書館 1996 年版。

64　伽達默爾：《科學時代的理性》，國際文化出版公司 1988 年版。

65　伽達默爾：《真理與方法》，上海譯文出版社 1999 年版。

66　艾耶爾等：《哲學中的革命》，商務印書館 1986 年版。

67　雅斯貝爾斯：《智慧之路》，中國國際廣播出版社 1988 年版。

68　科爾紐：《馬克思的思想起源》，中國人民大學出版社 1987 年版。

69　盧卡奇：《歷史與階級意識》，商務印書館 1992 年版。

70　阿爾都塞：《保衛馬克思》，商務印書館 1984 年版。

71　阿爾都塞等：《自我批評論文集》（補卷），臺北遠流 1991 年版。

72　阿爾都塞：《讀〈資本論〉》，中央編譯出版社 2001 年。

73　胡克：《對卡爾‧馬克思的理解》，重慶出版社 1989 年版。

74　霍克海默、阿多爾諾：《啟蒙辯證法》，重慶出版社 1990 年版。

75　霍克海默：《批判理論》，重慶出版社 1989 年版。

76　阿多爾諾：《否定的辯證法》，重慶出版社 1993 年版。

77　葛蘭西：《實踐哲學》，重慶出版社 1990 年版。

78　保羅‧富爾基埃：《存在主義》，上海譯文出版社 1988 年版。

79　阿佩爾：《哲學的改造》，上海譯文出版社 1997 年版。

80　羅蒂：《哲學與自然之鏡》，三聯書店 1987 年版。

81　羅蒂：《後哲學文化》，上海譯文出版社 1992 年版。

82　哈貝馬斯：《後形而上學思想》，譯林出版社 2001 年版。

83　哈貝馬斯：《合法化的危機》，上海人民出版社 2000 年版。

84　哈貝馬斯：《重建歷史唯物主義》，社會科學文獻出版社 2000 年版。

85　伯恩斯坦：《超越客觀主義和相對主義》，光明日報出版社 1992
　　年版。

86　柏林：《啟蒙的時代》，光明日報出版社 1989 年版。

87　漢姆普西爾：《理性的時代》，光明日報出版社 1989 年版。

88　阿金：《思想體系的時代》，光明日報出版社 1989 年版。

89　施太格繆勒：《當代哲學主流》，商務印書館 1986 年版。

90　詹姆森（詹明信）：《晚期資本主義的文化邏輯》，三聯書店 1997 年版。

91　詹姆森（詹姆遜）：《文化轉向》，中國社會科學出版社 2000 年版。

92　戴維‧麥克萊倫：《青年黑格爾派與馬克思》，商務印書館 1982 年版。

93　茲維‧羅森：《布魯諾‧鮑威爾和卡爾‧馬克思》，中國人民大學出版社 1984 年版。

94　《馬克思早期思想研究譯文集》，重慶出版社 1983 年版。

95　《〈1844 年經濟學哲學手稿〉研究》（文集），湖南人民出版社 1983 年版。

96　曼弗裏德‧布爾：《理性的歷史——德國古典哲學關於歷史的思考》，社會科學文獻出版社 1992 年版。

97　卡西爾：《啟蒙哲學》，山東人民出版社 1988 年版。

98　奎因：《從邏輯的觀點看》，上海譯文出版社 1987 年版。

99　阿凡納西耶夫：《馬克思的偉大發現》，山東人民出版社 1992 年版。

100　見田石介：《〈資本論〉的方法》，山東人民出版社 1992 年版。

101　不破哲三：《〈資本論〉與現代》，山東人民出版社 1992 年版。

102　Fredric Jameson, *Late Marxism Adorno, or, The Persistence of the Dialectic*, Verso, London New York, 1990.

103　Martin Heidegger, *The Principle of Reason*, Indiana University Press, 1991.

104　Richard M. Rorty(edited), *The Linguistic Turn*, the University of Chicago press, Chicago and London, 1992.

105 Christopher L. Pines, *Ideology and False Consciousness*, State University of New York Press, Albany, 1993.

106 Mah Harold, *The End of Philosophy, the Origin of「Ideology」*, University of California press, Berkeley, Los Angeles London, 1987.

107 Susan M. Easton, *Humanist Marxism and Wittgensteinian Social Philosophy*, Manchester University Press, 1983.

108 Jacques Derrida, *Specters of Marx*, Routledge, New York and London, 1994.

109 Richard Hudelson, *Marxism and Philosophy in the Twentieth Century*, Praeger, New York Westport, Connecticut London, 1990.

110 Maurice Cornforth, *Marxism and the Linguistic Philosophy*, Lawrence & Wishart, London, 1967.

111 Louis Althusser, *Philosophy and the Spontaneous Philosophy of the Scientist*, Verso, London, New York, 1990.

後 記

　　擺在大家面前的這本書，是由我的博士論文略加擴充整理而成的。它的出版意味着我的哲學生涯的第一個階段——學生階段的完成。

　　藉此機會，我想突出表達的是我對老師的無限感激之情。自從我踏入吉林大學哲學門檻的第一天開始，我就被老師的關懷所包圍着，是他們啟了我的哲學之蒙，並引導我進入哲學的思想殿堂。尤其是我的碩士生導師楊魁森老師、博士生導師孫正聿老師，在學習和生活中給了我無微不至的關懷。他們既是嚴師又是慈父，他們以人格與思想的雙重魅力征服了我。從他們身上，我所受益的不僅是哲學思想，更是生活智慧。他們許多格言式的思想也成為我（以及許多學生）學習和生活中的座右銘。如楊老師常說的：「哲學就是生活，哲學觀就是生活觀。」又如孫老師經常強調的，哲學學習和研究需要有「高舉遠慕的心態、慎思明辨的理性、體會真切的情感、執着專注的意志，灑脫通達的境界。」讓我感到幸運的是，博士畢業後我能夠留在老師身邊工作，能夠繼續聆聽老師的教誨，繼續感受老師的恩澤，也能夠有更多的機會回報老師的恩情。在此我

還想感謝我的家人，我的父母，我的岳父岳母。他們都是最普通的平頭百姓，辛苦一生，把所有的期望和幸福都寄託在兒女身上。我還想把一份特別的感謝送給我的愛人郭玉芳。是她的理解和支持使那段艱苦的歲月成為我們永遠珍藏的幸福時光。

　　哲學如同大海一樣博大精深，用畢生的精力也難窺其一斑，哲學學習也必然是一個永無止境的追求過程。哲學作為對智慧的不懈追求和熱愛，是一種不斷創新、不斷超越的反思的思想活動。一旦宣稱完成了某種哲學理論，哲學反思也就停止了，哲學也就不再成其為哲學，而蛻變為某種既定的知識，甚至會成為阻礙思想前進的僵死教條。「哲學的生命在於創新！」這是吉林大學哲學學科的奠基人、著名哲學家高清海先生以自己的實際行動為哲學所做的最好詮釋。作為剛剛進入哲學的後學青年，自當以先師為榜樣，在哲學的道路上永遠保持對生活的激情、對哲學的求索。

改變世界：
馬克思哲學實現的哲學主題轉換

程彪 著

責任編輯　王春永
裝幀設計　鄭喆儀
排　　版　黎　浪
印　　務　劉漢舉

出版　　開明書店
　　　　香港北角英皇道 499 號北角工業大廈一樓 B
　　　　電話：（852）2137 2338　傳真：（852）2713 8202
　　　　電子郵件：info@chunghwabook.com.hk
　　　　網址：http://www.chunghwabook.com.hk

發行　　香港聯合書刊物流有限公司
　　　　香港新界荃灣德士古道 220-248 號
　　　　荃灣工業中心 16 樓
　　　　電話：（852）2150 2100　傳真：（852）2407 3062
　　　　電子郵件：info@suplogistics.com.hk

版次　　2023 年 6 月初版
　　　　© 2023 開明書店

規格　　16 開（210mm×145mm）

ISBN　　978-962-459-286-3